수치심 극복을 위한
변증법적 행동치료 기술
워크북

고통스러운 감정을 다루고 수치심을 극복하는 **강력한 DBT 기술**

Alexander L. Chapman · Kim L. Gratz 공저
구훈정 · 김희선 · 남윤지 공역

THE DIALECTICAL BEHAVIOR THERAPY SKILLS WORKBOOK FOR SHAME

Powerful DBT Skills to Cope with Painful Emotions & Move Beyond Shame

학지사

The Dialectical Behavior Therapy Skills Workbook for Shame:
Powerful DBT Skills to Cope with Painful Emotions & Move Beyond Shame
by Alexander L. Chapman and Kim L. Gratz

역자 서문

10여 년간 대학에서 학생들의 논문을 지도해 오면서 가장 자주 접했던 주제 중 하나가 바로 수치심이었습니다. 수치심과 관련된 석사 논문 주제에 대한 학생들의 높은 관심은 아마도 수치심이 그만큼 누구나 경험할 수 있는 감정이면서도 때로는 학업 성취, 대인관계, 그리고 정서적 안녕에 미치는 영향이 큰 고통스러운 감정이기 때문일 것입니다. 수치심은 우울, 사회 불안과 같은 정서 문제를 촉발하거나, 중독, 비자살적 자해와 같은 행동 문제로 이어지곤 합니다. 이는 수치심이 특정한 정신질환에 국한되지 않고 다양한 심리적 어려움을 유발하는 공통적 촉발 요인이라는 것을 의미합니다. 실제 여러 연구에 따르면, 수치심은 불안, 우울, 외상 후 스트레스 장애(PTSD) 등 다양한 정신건강 문제와 연관된 초진단적(trans-diagnostic) 요인으로 작용하는 것으로 알려져 있습니다. 따라서 여러 정신과적 문제에 대한 예방 및 치료적 접근으로서 수치심을 체계적으로 다룰 수 있는 치료법의 개발과 보급은 매우 중요하다고 할 수 있습니다.

변증법적 행동치료(Dialectic Behavior Therapy: DBT)는 수치심과 같이 깊게 뿌리내린 복잡하고도 강력한 감정을 다루는 데 도움을 줄 수 있는 매우 효과적이고도 강력한 치료법입니다. DBT는 감정 조절, 대인관계 기술, 고통 감내 및 마음챙김을 중심으로 한 심리치료 기법으로, 특히 경계성 성격장애 치료에 효과적인 방법으로 개발되었습니다. 그러나 최근 연구에서는 불안, 우울, 외상 후 스트레스 장애 및 비자살적 자해, 중독 문제 등의 다양한 정신건강 문제를 겪는 사람들에게도 효과적인 치료임이 확인되었습니다. 따라서 여러 정서장애와 행동 문제에 영향을 미치는 초진단적 요인으로서의 수치심을 다루는 데 DBT가 효과적이라는 것은 어쩌면 당연하다고도 할 수 있을 것입니다.

이 책은 DBT의 핵심 기술을 바탕으로 수치심을 다루고 극복하는 데 초점을 맞춘 실용적인 워크북입니다. 특히 이 책은 무엇보다 난해하고 어려울 수 있는 DBT를 일반인도 이해하기 쉽게 풀어내고 있습니다. 따라서 수치심으로 어려움을 겪는 일반인이 혼자 책을 읽어 가면서 도움을 받기에도 손색이 없습니다. 지난 겨울 연구실 석박사들과 함께 이 책으로 함께 스터디를 진행했습니다. 당시 스터디에 참여한 학생들이 이 책에 제시된 다양한 사례와 DBT 기법을 차근차근 따라가며 자신의 삶 속에서 경험해 왔던 불편하고 피하고 싶었던 수치심이라는 자신의 감정을 이해하고, 수용하며 조절하는 방법을 터득해 가는 모습을 보면서, 이 책의 가치와 힘을 다시 한번 확신할 수 있었습니다. "이 책이 하루라도 더 빨리 사람들에게 알려지면 좋겠어요." 라는 학생들의 소감도 이를 방증합니다.

이 책이 수치심으로 인해 힘들어하는 여러분에게도 유용한 길잡이가 되어 이 책을 통해 치유와 회복의 시간을 경험하실 수 있기를 바랍니다. 또한 심리 상담가 및 치료사들에게도 이 책이 수치심을 다루는 효과적인 도구이자 길잡이가 되어 줄 수 있기를 기대합니다.

초벌번역을 함께해 준 박사과정 김희선 선생님과 석사과정 남윤지 선생님, 2024년 겨울 방학 동안의 스터디를 함께해 준 또 다른 김희선 박사과정생, 안진희, 정성원, 배승동, 채선아, 최진아 석사과정생에게 감사의 말을 전합니다. 또한 언제나 지지와 격려를 아끼지 않는 사랑하는 저의 남편과 딸 현서, 부모님께도 감사의 말을 전합니다. 마지막으로, 이 책의 출판을 허락해 주시고 지원해 주신 학지사 김진환 사장님께 감사드립니다. 출판 계약을 담당해 주신 이수정 선생님과 원고 교정의 전반적인 작업에 도움을 주신 김지혜 선생님께도 감사의 말씀을 전합니다.

2025년 8월

역자 대표 구훈정

추천사

수치심은 제대로 관리하지 않으면 우리의 삶과 인간관계를 크게 제한할 수 있는 감정입니다. 이 책은 눈에 보이지 않지만, 우리를 강하게 지배하는 수치심을 이해하고 극복하기 위한 종합 가이드를 제공합니다. 저자들은 변증법적 행동치료(DBT)에 기반한 탄탄한 기술들을 실용적으로 접근하기 쉬운 도구들로 바꾸어, 수치심과의 관계를 단계적으로 변화시킬 수 있도록 돕습니다. 처음부터 끝까지 집중해서 읽는다면, 이 복잡한 감정을 이해하고 그로 인한 부담에서 벗어나고자 하는 이들에게 분명하고 희망적인 방향을 제시할 것입니다. 이 책을 강력히 추천합니다.

– Steven C. Hayes, PhD

수용전념치료(ACT)의 창시자이자 『자유로운 마음』의 저자

풍부한 저술 경험과 깊은 지식을 갖춘 저자들은 수치심이라는 가장 고통스럽고 다루기 어려운 감정을 해결하기 위해 DBT 기술을 활용하여 자기계발 워크북을 제작했습니다. Chapman과 Gratz는 알기 쉬운 언어로 DBT 기술을 실제 생활에 적용하는 방법을 설명하고, 풍부한 임상 사례와 함께 매력적인 자기 평가 및 연습을 제공하여 독자들이 수치심에서 벗어날 수 있도록 돕습니다. 독자들이 수치심을 이해하고, 수치심에 대한 취약성을 줄이며, 궁극적으로 수치심을 완화하는 데 이 책이 도움을 준다는 점이 저에게 큰 매력으로 다가옵니다.

– Jill Rathus, PhD

뉴욕 인지행동협회 공동 디렉터, LIU 심리학과 교수,
『청소년을 위한 DBT 기술 매뉴얼』 및 『자살 청소년을 위한 DBT』의 공동 저자

수치심은 많은 사람을 취약하게 만드는 감정입니다. 이 책은 DBT 기술을 사용하여 수치심을 다스리는 구체적이고 실제적인 사례와 활동지를 제공함으로써 우리에게 소중한 정보를 전달합니다. 우리 모두가 자신을 사랑하고 이 세상에서 자신만의 자리를 가지고 있다는 것을 인식하게 해 주는 이 책은, 수치심으로 고통받는 사람들과 그들을 사랑하는 모든 이를 위한 아름다운 선

물이며, 반드시 읽어야 할 책입니다.

– Lynn Courey, CSW

기술과 희망을 통해 가족을 지원하는 새시베어 재단의 창립자 및 대표

수치심은 많은 사람에게 고통스럽고 복잡한 감정적 경험이며, 특히 그 감정이 오래 지속될 경우 더욱 그러합니다. 치료사들이 수치심에 집중하는 경우는 드문 일입니다. 따라서 환자들이 치료에서 도움을 얻는다고 하더라도 수치심은 치료가 끝난 후에도 여전히 지속되는 경우가 많습니다. DBT 전문가인 Chapman과 Gratz는 수치심을 다루기 위한 단계별 접근법을 제공하여 수치심으로 고통받는 사람들뿐만 아니라 이를 다루는 데 익숙하지 않은 치료사들에게도 유용한 아이디어를 제공합니다. 강력히 추천하는 책입니다!

– Blaise Aguirre, MD

3East DBT 컨티뉴엄 맥린 병원 창립 의료 책임자, 하버드 의과대학 정신의학과 정신의학 조교수

Chapman과 Gratz는 수치심이라는 고통스러운 감정을 다루기 위한 단계별 지침을 제공합니다. 이 책은 쉽게 읽을 수 있도록 구성되어 있으며, 수치심을 이해하는 데 도움이 되는 따뜻한 틀을 제공하고, 수치심을 예방하고 줄이며 효과적으로 대처할 수 있는 현실적인 방법을 제시합니다. 여기에는 취약성 감소, 고통스러운 감각 다루기, 부정적인 사고 대처하기, 충동 행동 조절, 대인관계 문제 해결, 자기 수용 향상 기술이 포함되어 있으며 임상 사례와 활동지도 함께 제시됩니다. 이 책은 수치심으로 고통받는 사람들에게 없어서는 안 될 필수 지침서입니다.

– Thomas R. Lynch, PhD

영국 사우샘프턴 대학교 심리학과 명예 교수, 『온전히 개방적인 변증법적 행동치료』의 저자

이 책은 수치심에 대한 현대적인 관점을 제공하며, 명확한 설명, 실용적인 지침, 그리고 효과적인 회복 전략을 제시합니다. 수치심으로 고통받고 있는 사람들에게는 매우 귀중한 자원이 될 것이며, 더 건강하고 만족스러운 삶을 위한 희망과 용기를 제공하는 소중한 길잡이가 될 것입니다.

– Shelley McMain, PhD

중독 및 정신건강 센터의 선임 과학자, 경계성 성격장애 클리닉 책임자, 토론토 대학교 정신의학과 부교수

과도하거나 불필요한 수치심으로 고통받고 있거나 이 고통스러운 감정을 다루는 사람들을 돕고자 할 때, 근거 기반 원칙이나 실제 사례에 기반한 자료를 찾는 것은 거의 불가능합니다. 이 책에서 Chapman과 Gratz는 많은 선행연구에 근거한 정서 및 행동장애 치료법인 DBT 기술을 활용하여 수치심의 파괴적인 영향을 극복하는 방법을 명확하고 실용적인 방식으로 전달합니다.

– Clive J. Robins, PhD, ABPP

듀크 대학교 정신의학 및 행동신경과학과 명예 교수, Behavioral Tech, LLC의 트레이너 및 컨설턴트

이 책의 소개 및 가이드

우리는 모두 때때로 수치심과 싸웁니다. 수치심은 인간 존재의 한 요소입니다. 수치심은 아마도 대부분의 사람이 한 번쯤은 경험해 봤고, 어쩌면 우리가 생각하는 것보다 더 자주 경험하고 있는 감정일지도 모릅니다. 만약 다른 사람들이 자신을 어떻게 생각할지 두려워 어떤 주제에 대해 이야기하는 것을 피해 본 적이 있다면, 그 안에는 수치심이 자리하고 있었을 가능성이 큽니다. 자신의 정체성이나 관심사 혹은 출신 배경을 숨기고 싶었던 적이 있다면 그 역시 수치심의 영향일 수 있습니다. 또한 자신을 '나쁘다.' '무능하다.' '다른 사람들보다 부족하다.'라고 생각하는 등 스스로를 부정적으로 평가할 때 수치심을 느낄 가능성이 높습니다. 더 나아가, 수치심은 은밀히 스며드는 감정으로, 자신이 이 감정을 느끼고 있다는 사실조차 깨닫지 못한 채 사람들을 피하거나, 문제를 회피하거나 우울감을 느껴도 그 이유를 모를 수 있습니다.

이 책을 읽고 있다면, 아마도 당신이나 당신이 사랑하는 누군가가 수치심과 싸우고 있을 가능성이 큽니다. 그렇다면 수치심이 인간이 느낄 수 있는 가장 고통스러운 감정 중 하나라는 사실을 잘 알고 있을 것입니다. 강렬하고 지속적인 수치심은 삶의 질과 인간관계에 큰 영향을 미칠 수 있습니다. 이런 이유로 우리는 수치심으로 고통받는 사람들이 수치심이 삶을 지배하는 힘에서 벗어날 수 있도록 돕기 위해 이 책을 쓰게 되었습니다. 우리는 강렬한 수치심이 삶을 얼마나 마비시킬 수 있는지 직접 목격해 왔습니다. 그동안 수치심과 싸우는 수많은 사람을 만나며 그들의 이야기를 들어 왔습니다. 그들 중 일부는 수치심에 완전히 사로잡혀 소중한 관계를 잃고, 예전에는 중요했던 사회적 활동이나 운동, 공공장소에 나가는 일을 포기한 채, 점차 고립되고 우울에 빠지기도 했습니다. 따라서 이 책은 사람들이 수치심을 보다 효과적으로 다루는 방법을 배우고 그것이 삶에 미치는 부정적 영향을 줄이는 데 도움을 주는 것을 목표로 합니다.

이 책은 수치심을 이해하고 효과적으로 다루는 기술을 배우는 데 도움을 제공할 것입니다. 처음 몇 개의 장에서는 수치심이 무엇인지, 다른 감정들과 어떤 차이점이 있는지 설명하고, DBT(Linehan, 1993a, 2015)의 기술이 수치심을 극복하는 데 어떻게 활용될 수 있는지 살펴볼 것입니다. 이후에는 수치심의 패턴을 분석하고, 수치심을 유발하는 요인을 이해하며, 수치심을 효과적으로 다루어 수치심이 삶에 미치는 영향을 줄일 수 있는 DBT 기술을 살펴볼 것입니다. 이 책을 마칠 무렵에는 다음과 같은 목표를 달성할 수 있기를 바랍니다.

- 수치심이 무엇이며 왜 발생하는지 더 명확하게 이해하고, 그것이 자신에게 어떻게 느껴지는지 알게 된다.
- 수치심이 느껴질 때 이를 알아차릴 수 있다.
- 수치심에 취약해지지 않도록 자신의 몸과 마음을 잘 돌보는 방법을 알게 된다.
- 긍정적인 경험을 늘려 강렬한 수치심으로부터 자신을 보호할 수 있다.
- 수치심을 유발하는 부정적인 자기 판단을 줄일 수 있다.
- 수치심과 관련된 생각에 사로잡히지 않는 방법을 배울 수 있다.
- 수치심을 느낄 때 상황을 악화시킬 수 있는 해로운 행동(예: 자해, 약물 사용, 사회적 고립)을 적극적으로 피할 수 있다.
- 수치심과 함께 오는 부정적인 사고에서 한 걸음 물러나는 방법을 배울 수 있다.
- 수치심이 생길 때 효과적으로 대처하는 방법을 알게 된다.
- 수치심이 중요한 인간관계에 방해가 되지 않도록 관리할 수 있다.

본격적으로 시작하기 전에 수치심이 얼마나 흔한 감정인지, 그리고 DBT 기술이 이를 다루는 데 왜 그렇게 효과적인지에 대해 더 깊이 이해해 보려고 합니다.

수치심으로 어려움을 겪는 사람은 누구인가

'수치심 장애'라는 정신과적 질환이 존재하는 것은 아니지만, 수치심은 다양한 정신건강 문제와 관련이 있습니다. 예를 들어, 외상 후 스트레스 장애를 겪는 사람들은 과거의 트라우마나 그로 인해 발생한 감정적 고통에 대해 자주 수치심을 느낍니다다. 사회 불안 장애가 있는 이들은 사회적 상황(예: 대화하기, 식사하기, 타인과 어울리기 등)에서 수치심과 굴욕감을 경험하는 경우가 많으며, 그로 인해 그런 상황을 피하게 됩니다. 또한 섭식 장애가 있는 사람들이나 체중 문제로 어려움을 겪는 사람들은 자신의 외모에 대해 수치심을 느끼며, 외모를 수정하기 위해 많은 노력을 기울입니다. 조현병이나 양극성 장애처럼 심각하고 지속적인 정신건강 문제를 가진 사람들도 자신의 정신적 어려움에 대해 수치심을 느낄 가능성이 있습니다. 사회는 종종 정신건강 문제를 가진 개인을 비판하거나 차별하며, 심지어 배척하기도 합니다(즉, 낙인). 이러한 사회적 낙인을 내면화하면서 사람들은 자신이 이런 문제를 가지고 있다는 것에 대해 수치심을 느끼게 됩니다. 또한 소수자 집단에 속한 사람들 역시 자신의 정체성, 성별(gender), 문화적 전통이나 배경에 대해 수치심을 느끼는 경우가 많습니다. 주변 사람들과 다른 정체성을 가지고 있거나 문화적·사회적·경제적 배경이 다를 경우, 이러한 차이가 큰 어려움을 초래할 수 있으며, 이는 수치심을 유발하는 요인이 될 수 있습니다.

왜 DBT 기술이 필요한가

수치심을 다루는 데 있어 왜 DBT 기술에 집중하는지 궁금할 수도 있습니다. 가장 큰 이유는 DBT 기술이 수치심을 극복하는 과정에서 매우 강력한 동반자가 될 수 있다고 믿기 때문입니다. 실제로 DBT는 수치심을 자주 느끼는 사람들을 위해 개발되었습니다. 바로 만성적인 자살 충동을 가진 사람들이 그 대상이었습니다. 워싱턴 대학교의 교수인 마샤 리네한(Marsha Linehan) 박사는 DBT를 개발할 당시, 극심한 고통을 겪는 사람들을 돕는 것이 목표였습니다. 그녀가 만난 많은 내담자는 다양한 문제를 가지고 있었지만, 대부분 강렬한 수치심을 경험하고 있었습니다. 그 결과, DBT를 구성하는 많은 기술과 전략은 수치심과 싸우는 사람들과의 작업에서 나온 것입니다.

다음은 DBT에 대한 간단한 정보입니다. (이 주제는 제2장에서 자세히 설명합니다.) DBT는 여러 요소로 구성된 치료법입니다.

- 주 1회 개별 치료(보통 약 1시간)
- 주 1회 기술 훈련 그룹(보통 약 2시간): 내담자는 마음챙김(mindfulness), 고통 감내(distress tolerance), 정서 조절(emotion regulation), 대인관계 효과성(interpersonal effectiveness) 등의 기술을 학습할 수 있습니다.
- 치료 회기 사이에도 실제 생활에서 대처 기술을 적용하는 방법을 상담할 수 있도록 전화 상담이 제공됩니다.
- 치료사들이 서로 협력하며 최상의 치료를 제공할 수 있도록 매주 자문 회의가 진행됩니다.

DBT는 수치심과 같은 감정을 다루는 데 특히 효과적인 치료법입니다. DBT 치료사는 내담자가 감정을 효과적으로 이해하고 다룰 수 있도록 돕는 것을 목표로 합니다. 이를 위해 내담자가 자신의 감정에 보다 유익한 방식으로 반응하는 기술을 익히도록 돕고, 감정이 어떻게 그들에게 도움이 되거나 반대로 잘못된 방향으로 이끌 수 있는지를 이해하도록 합니다. 또한 의미 있는 관계를 구축하고 고통스럽거나 강렬한 감정을 경험할 때도 스트레스를 더 악화시키지 않도록 가르칩니다.

간단한 기술 중심의 DBT 접근법이 수치심을 관리하는 데 상당한 효과를 줄 수 있다는 연구 결과가 있습니다(Rizvi & Linehan, 2005). 경계성 성격장애(수치심을 자주 느끼는 장애)를 가진 다섯 명의 여성을 대상으로 8~10회기의 DBT 기반 치료를 실시한 연구가 그것입니다. 이 치료에는 이후 장에서 소개할 기술 중 하나인 반대로 행동하기(opposite action) 기술이 포함되었습니다. 이 기술은 수치심을 느낄 때 본능적으로 하고 싶은 행동과 반대로 행동하는 것입니다. 예를 들어, 사람들은 보통 수치심을 느낄 때 자신을 숨기거나 다른 사람을 피하려는 경향이 있습니다. 그러나 반대로 행동하기 기술은 오히려 사람들을 만나고, 수치심을 느끼는 것에 대해 솔직하게 이야기하도록 합니다. 이 연구에 참여한 모든 참가자는 계획된 모든 회기에 끝까지 참석하여 치료를 완료했으며, 그 결과 수치심이 감소했다고 보고했습니다. 물론 연구 규모가 작아 추가 연구가 필요하지만 이 결과는 DBT의 많은 강력한 기술 중 단 하나만으로도 수치심에 긍정적인 변화를 가져올 수 있음을 시사합니다.

이 책을 활용하는 방법

이 책을 가장 효과적으로 활용하는 방법은 처음부터 끝까지 순서대로 읽는 것입니다. 책의 초반부에서는 수치심에 대한 배경지식을 제공하여, 이후에 다룰 기술을 보다 쉽게 활용할 수 있도록 탄탄한 기초를 마련해 줍니다. 하지만 이미 수치심에 대해 잘 알고 있거나, 자신의 수치심과 관련된 패턴과 단서를 어느 정도 이해하고 있다면, 자신에게 가장 필요한 기술이 담긴 장을 집중적으로 살펴보는 것도 좋은 방법입니다. 다음에 제시된 각 장의 요약은 책을 어떻게 읽어 나갈지 결정하는 데 도움이 될 것입니다.

- 제1장에서는 수치심에 대한 기초 심리학적 지식, 발생 원인, 그리고 수치심의 다양한 구성 요소를 다룹니다.
- 제2장에서는 DBT의 기본 개념을 설명하고, 이 책에서 소개하는 다양한 DBT 기술을 다룹니다.
- 제3장에서는 자신의 수치심 패턴을 파악하고 이해하는 방법, 그리고 어떤 경험이 수치심을 유발하는지 알아봅니다.
- 제4장에서는 자신의 신체를 돌보고 삶에서 긍정적인 경험을 늘림으로써 강렬한 수치심에 대한 취약성을 줄이는 방법을 다룹니다. 또한 DBT의 마음챙김 기술을 활용하여 자기 판단을 줄이는 방법을 설명합니다.
- 제5장에서는 수치심을 유발하는 판단을 피하고, 수치심과 관련된 생각에 사로잡히지 않는 방법을 제안합니다.
- 제6장에서는 수치심에 반응하여 스트레스가 더 커지거나 상황을 악화시키지 않도록 하는 기술을 소개합니다.
- 제7장에서는 수치심과 관련된 부정적인 사고를 다루는 다양한 기술을 소개합니다.
- 제8장에서는 반대로 행동하기 기술을 활용하여, 수치심이 요구하는 행동과 반대되는 행동을 함으로써 수치심을 줄이는 방법을 설명합니다.
- 제9장에서는 감정을 효과적으로 표현하는 방법과, 수치심이 중요한 관계를 방해하지 않도록 하는 기술을 다룹니다.

- 마지막 장에서는 이 책에서 다룬 개념과 기술을 다시 살펴보고, 수치심에서 벗어나 보다 건강한 삶을 지속적으로 만들어 나가는 방법에 대한 지침을 제공합니다.

이 책을 읽는 과정에서 스스로를 돌아보고, 당신 자신과 자신의 경험에 대한 질문에 답할 기회를 갖게 됩니다. 또한 다양한 연습 문제와 활동지를 완성하고, 안내된 실습을 수행할 수도 있습니다.

이 책에서 다루는 기술을 일상생활에 적용하면 수치심이 생길 때 이를 효과적으로 다룰 수 있을 뿐만 아니라, 수치심이 악화되는 것도 예방할 수 있습니다. 또한 수치심의 강도(level)를 줄이고, 그것이 삶을 지배하는 힘을 약화시킬 수 있습니다. 수치심을 이해하고 효과적으로 관리하는 것은 삶과 인간관계에 큰 변화를 가져올 수 있으며, 중요한 목표에 더 가까워지고 의미 있는 삶을 만들어 가는 데 도움이 됩니다. 더욱이 강렬한 수치심에서 점차 자유로워지면서, 전반적으로 자신을 더 잘 받아들이고 평온함을 느낄 수 있을 것입니다.

앞으로 나아가기

우리는 수치심에 대해 우리가 알고 있는 것과 그것을 효과적으로 다루는 방법을 당신과 나눌 수 있기를 기대합니다. 우리는 강렬한 수치심과 싸우는 것이 얼마나 어려운 일인지 직접 목격해 왔으며, 이에 따라 이 고통스러운 감정에서 벗어날 수 있도록 사람들에게 필요한 기술을 가르치는 데 최선을 다하고 있습니다. 또한 수십 년간 내담자들에게 수치심을 다루고 줄이는 방법을 지도해 왔습니다. 이 책은 우리가 전문적인 경험을 통해 배운 지식을 바탕으로 사람들이 수치심을 극복하고 더 깊은 자기 수용을 이루도록 돕는 소중한 기회를 제공합니다. 수치심을 보다 효과적으로 다루기 위한 첫 단계는 수치심이 무엇인지, 그리고 왜 발생하는지를 명확히 이해하는 것입니다. 이에 대해서는 제1장에서 자세히 설명하겠습니다. 그럼 시작해 보겠습니다!

차례

역자 서문 • 3
추천사 • 5
이 책의 소개 및 가이드 • 9

제1장
당신이 알아야 할 모든 것
수치심은 어디에서 비롯되는가 • 19

수치심이란 무엇인가 • 21
수치심의 구성 요소 이해하기 • 24
사람들이 수치심으로 어려움을 겪는 이유는 무엇인가 • 27
수치심을 일으키는 구체적인 단서들 • 31
앞으로 나아가기 • 33

제2장
DBT와 DBT 기술의 이해 • 35

DBT의 간략한 역사 • 37
변화의 필요성 • 39
수용의 필요성 • 40
DBT의 핵심 요소와 DBT 기술 배우기 • 43
DBT 기술은 수치심에 어떻게 도움이 되는가 • 45
앞으로 나아가기 • 51

제3장
수치심 패턴 이해하기 • 53

수치심에 대한 단서 식별하기 • 55
수치심을 인식하고 식별하기 • 59
수치심의 다양한 구성 요소에 대한 인식 높이기 • 62
수치심을 느끼는 순간 인식하기 • 71
앞으로 나아가기 • 73

제4장
강렬한 수치심에 대한 취약성 줄이기 • 75

자기 자신 돌보기 • 77
긍정적인 경험 늘리기 • 87
앞으로 나아가기 • 102

제5장
마음챙김 기술로 수치심 관리하기 • 103

수치심을 유발하는 판단을 줄이는 기술 • 106
수치심에 사로잡히지 않는 기술 • 108
수치심이 아닌 다른 것에 주의를 집중하는 기술 • 114
앞으로 나아가기 • 120

제6장
수치심을 느낄 때 상황을 악화시키는 것들 피하기 • 121

위기 생존 기술로서의 주의 전환 기술 • 123
현실 수용 기술로서의 온전한 수용 • 131
앞으로 나아가기 • 138

제7장
수치심에 대한 팩트 체크하기 • 139

수치심을 촉발하고 동반하는 생각들 • 141
팩트 체크하기 연습을 위한 단계 • 143
앞으로 나아가기 • 159

제8장
반대로 행동하기 기술로 수치심 줄이기 • 161

반대로 행동하기의 기본 구조 • 163
수치심과 관련된 행동 충동에 반대로 행동하기 • 165
수치심에 반대로 행동하기 기술 연습하기 • 177
일상에서 반대로 행동하기 적용하기 • 181
앞으로 나아가기 • 183

제9장
대인관계에서 수치심을 효과적으로 다루기 • 185

수치심이 대인관계를 방해하고 외로움을 초래하는 방법 • 187
DBT 대인관계 효과성 기술 • 189
앞으로 나아가기 • 212

종합적으로 정리하기 • 215
참고문헌 • 227

제 1 장

당신이 알아야 할 모든 것

수치심은 어디에서 비롯되는가

수치심이란 무엇인가

수치심의 구성 요소 이해하기

사람들이 수치심으로 어려움을 겪는 이유는 무엇인가

수치심을 일으키는 구체적인 단서들

앞으로 나아가기

문제를 해결하기 전에 먼저 그 문제를 제대로 이해해야 합니다. 강렬한 수치심을 다루고 조절하는 방법을 배우기 전에, 수치심이 무엇인지, 다른 감정들과는 어떻게 다른지, 그리고 어떤 요인들이 수치심을 유발하는지 이해하는 것이 중요합니다. 이 장을 마칠 때쯤이면 수치심이 무엇이고, 수치심이 어디에서 비롯되는지에 대해 훨씬 더 깊이 잘 이해할 수 있을 것입니다.

수치심이란 무엇인가

수치심은 간단히 말해 불쾌한 자의식적 감정이라고 할 수 있습니다. 수치심의 정확한 의미를 설명하기 전에, 감정이 무엇인지 이해하는 것이 도움이 됩니다. 가장 중요한 것은 감정은 보편적이라는 점입니다. 전 세계의 모든 인간은 태어나는 순간부터 분노, 공포, 슬픔, 기쁨, 놀라움, 혐오감 등 다양한 감정을 경험할 수 있는 능력을 가지고 있습니다. 감정은 인간 존재의 일부이며, 우리가 이런 감정을 경험하는 데는 분명한 이유가 있습니다.

사실 감정을 인생의 길잡이로 생각할 수 있습니다. 대부분의 경우, 감정은 매우 유용하며, 자신과 타인, 그리고 주변 세계에 대한 중요한 정보를 제공해 줍니다. 감정은 일상에서는 발생하는 상황에 어떻게 반응할지 파악하도록 도움을 주며, 위험한 상황에서는 자신을 보호해야 할 필요가 있음을 알려 줍니다. 또한 관계를 더욱 깊이 있고 풍성하게 만들어 주며, 이를 통해 타인과 친밀감을 느끼고, 소통하며, 서로를 이해하도록 도움을 줍니다.

이러한 이유로 우리가 경험하는 대부분의 감정은 우리가 적응하는 데 도움을 주는 중요한 역할을 합니다. 예를 들어, 분노는 당신이 원하거나 필요로 하는 것을 방해받고 있거나, 누군가에게 부당한 대우를 받았다고 느낄 때 발성할 수 있습니다. 슬픔은 당신이 소중한 것을 잃었거나 중요한 것을 그리워하고 있다는 신호일 수 있습니다. 두려움은 위험이나 위협을 경고하고 그 상황에서 벗어나도록 하는 역할을 합니다. 기쁨은 현재의 상황이 자신에게 보람 있고 의미 있다는 신호일 수 있습니다. 이처럼 모든 감정은 당신의 행동을 이끌어 주는 중요한 정보를 제공합니다.

수치심은 인간이 느끼는 다른 감정들과는 본질적으로 다릅니다. 우선, 앞에서 언급한 감정과는 달리 수치심은 태어날 때부터 존재하는 것이 아니라 성장하면서 경험하는 일련의 감정 중 하나입니다. 태어날 때부터 어떤 특정 감정이 존재하지 않는다고 해서 그 감정이 유용하지 않다는 의미는 아닙니다. 예를 들어, 죄책감, 부끄러움, 자부심과 같은 감정은 후천적으로 발달하지만 여전히 중요한 역할을 합니다. 수치심도 이와 같으며, 자기 인식과 자기 평가 능력을 요구하는 감정으로, 자의식적 감정에 속합니다(Lewis et al., 1989). 특히 불쾌한 자의식적 감정은 개인이 자신, 행동, 또는 개인적 특성을 부정적으로 평가할 때 나타납니다(Tangney & Tracy, 2012). 그렇기 때문에 이러한 감정은 자아 인식과 자기 성찰, 행동 평가 능력이 발달하는 인생 후반기에 나타납니다. 그러나 수치심은 다른 불쾌한 자의식적 감정들과는 중요한 차이가 있습니다. 그 차이점이 수치심을 덜 유용하고, 더 고통스럽고, 효과적으로 다루기 어렵게 만듭니다.

수치심이 무엇인지, 그리고 수치심이 왜 유용하지 않은지 정확히 이해하기 위해 수치심과 죄책감의 차이점을 살펴보겠습니다. 앞서 언급한 바와 같이, 두 가지 감정 모두 사람들이 자신이나 자신의 행동 일부를 부정적으로 평가할 때 나타납니다(Tangney & Tracy, 2012). 죄책감의 경우, 주로 자신이 한 행동이나 말에 대해 부정적으로 평가할 때 발생합니다. 예를 들어, 감정을 통제하기 못하고 친구에게 소리를 지른 경우 죄책감을 느낄 수 있으며, 이 상황에서 죄책감은 유용한 감정이 될 수 있습니다. 죄책감은 친구에게 소리를 지르는 것이 잘못되었다는 사실을 깨닫게 하거나, 자신이 바라는 모습과 일치하지 않는다는 신호를 줍니다. 또한 앞으로 이러한 행동을 피하고, 친구에게 사과하는 등의 방법으로 관계를 회복시키려는 동기를 부여하게 됩니다.

반면, 수치심은 자기를 전체적으로 부정적으로 평가할 때 발생하며, 이로 인해 수치심이 제공하는 정보는 유용하지 않습니다. 수치심은 기본적으로 자신이 결함이 있거나 잘못되었거나 있는 그대로 받아들여질 수 없는 사람이라는 메시지를 전달합니다. 이는 결코 유익한 정보가 아닙니다. 더불어 '나는 본질적으로 무언가 문제가 있다.'라는 수치심이 전달하는 메시지는 실제로 문제 행동을 변화시키는 데 방해가 될 수 있습니다. 자신은 괜찮은 사람이지만 가끔 옳지 않은 행동을 한다고 느낀다면, 죄책감이 생기고 그 행동을 바꾸려는 동기가 생길 수 있지만, 자신을 항상 형편없는 사람이라고 생각한다면 상황이 변할 수 있다고 상상하기 어려울 것입니다. 수치심을 느끼면 변화하고자 노력하는 자신의 행동이 무의미하다고 여길 수 있습니다.

다음 〈표 1-1〉은 수치심과 죄책감을 구분하고, 자신이 경험하는 자의식적 감정이 수치심인지 확인하는 데 도움이 될 것입니다.

표 1-1 수치심과 죄책감 구별하기

수치심과 죄책감은 모두 불쾌한 자의식적 감정으로 자신이나 자신의 행동을 부정적으로 평가할 때 발생합니다. 많은 사람이 동일한 의미로 두 단어를 사용하지만 이러한 감정을 효과적으로 다루는 방법은 다릅니다. 이 표는 이 두 감정을 명확히 구분하는 데 도움이 될 수 있습니다.

어떤 점을 부정적으로 평가하고 있나요?

수치심	죄책감
• 나 자신 • 내가 어떤 사람인지 • 나의 정체성(인종, 성적 지향, 성별 정체성)	• 내가 다른 사람에게 한 말 • 내가 한 행동 • 나의 습관적 행동 • 특정 상황에서 나의 행동

이 감정이 제공하는 정보는 무엇인가요?

수치심	죄책감
• 나는 형편없는 사람이다. • 나는 어딘가 잘못되었다. • 나는 결함이 있거나 부족한 사람이다. • 나는 가치가 없다. • 나는 좋은 것들을 받을 자격이 없다.	• 나는 잘못된 선택을 했다. • 내가 소중하게 생각하는 사람에게 상처를 입혔다. • 내가 바라는 도습으로 행동하지 못했다.

이 정보는 어떤 행동을 하고 싶게 만드나요?

수치심	죄책감
• 사람이나 상황 피하기 • 숨기 • 외면하기 • 자신에게 상처 주거나 처벌하기 • 자책하거나 판단하기	• 잘못을 인정하거나 사과하기 • 상황이나 실수를 바로잡기 • 용서 구하기 • 나의 입장을 설명하기

수치심의 또 다른 중요한 특징 중 하나는 사회적 요소를 가지고 있다는 것입니다. 이는 수치심이 자의식적 감정이라는 사실과 관련이 있습니다. 앞서 언급했듯이, 자의식적 감정은 자신을 평가할 수 있는 능력을 필요로 하며, 이는 자신을 타인이나 사회적 규범, 사회적 기대와 비교하는 것을 의미합니다. 이런 이유로 수치심은 다른 사람들이 나를

어떻게 인식하고 반응할 것인지에 대한 생각과 밀접하게 연관되어 있습니다. 만약 누군가가 나를 판단하거나, 있는 그대로 받아들이지 않거나, 거부할 것이라고 믿는다면, 수치심을 느낄 가능성이 큽니다.

수치심의 구성 요소 이해하기

수치심이 어떤 종류의 감정인지, 그리고 다른 감정들과 어떻게 구별되는지 충분히 이해했으니, 이제 수치심을 구성하는 다양한 요소에 대해 깊이 있게 살펴볼 차례입니다.

먼저, 모든 감정은 세 가지 서로 다른 구성 요소로 이루어져 있다는 사실을 아는 것이 중요합니다. 인지적 요소(마음속에 지나가는 생각들), 신체적 요소(몸이 반응하는 방식), 그리고 행동적 요소(하거나 하려고 하는 행동들)입니다. 예를 들어, 분노의 인지적 요소에는 '왜 나에게 이런 일이 일어나는 거야!' '저 사람 정말 나쁜 놈이야!' '이건 너무 불공평해!'와 같은 생각들이 있을 수 있습니다. 신체적으로, 분노는 심장이 빠르게 뛰고, 주먹을 꽉 쥐고, 근육이 긴장하거나 턱이 굳는 등의 반응으로 나타날 수 있습니다. 행동적 요소에는 소리를 지르거나 물건을 던지거나 누군가를 때리고 싶은 충동이 포함될 수 있습니다.

다른 감정의 경우, 그에 수반되는 신체적 감각이 가장 먼저 눈에 띄는 요소입니다. 예를 들어, 두려움을 느끼고 있다면 심장이 빠르게 뛰고, 입이 바싹 마르며, 속이 울렁거리는 느낌을 가장 먼저 알아차릴 수 있습니다. 이러한 신체적 감각을 인지하게 되면, 자연스럽게 '나는 지금 두려움을 느끼고 있구나.'라고 생각할 수 있습니다.

수치심의 인지적 요소

수치심은 조금 다릅니다. 수치심에도 신체적 요소가 있지만(곧 그것에 대해서도 다룰 것입니다) 수치심의 인지적 요소는 사람들이 제일 처음 알아차리는 부분이며 수치심이 있다는 것을 알려 주는 가장 명확한 지표입니다. 구체적으로, 수치심은 자신에 대해 '나쁘다.' '가치가 없다.' '받아들여지지 않는다.'라고 생각하는 부정적인 판단에서 비롯되는 경향이 있으므로, 이런 종류의 생각은 수치심을 느끼고 있다는 확실한 신호 중 하나일 수 있습니다. 더불어 이러한 생각들은 매우 강력하고 고통스럽기 때문에 쉽게 알아차릴 수 있으며, 심지어 그냥 지나치려 해도 무시하기 어려운 경우가 많습니다. 다음은 수치심을 느낄 때 동반되는 가장 일반적인 생각입니다.

- 나에게 어떤 문제가 있다.
- 나 자신이나 나의 정체성에 문제가 있다.
- 내 생각, 감정 또는 행동은 수용될 수 없다.
- 나는 나쁜 사람이다.
- 나는 충분히 좋지 않다.
- 나의 어딘가에 결함이 있다.
- 나는 다른 사람보다 열등하다.
- 나는 받아들여질 수 없다.
- 나는 좋을 것들을 받을 자격이 없거나 가치가 없다.

수치심의 신체적 요소

수치심의 신체적 요소는 다른 감정처럼 쉽게 알아차리기 어려울 수 있습니다. 수치심은 다양한 신체적 감각을 동반하는 경향이 있는데, 이러한 감각 중 일부는 분노나 두려움을 느낄 때 경험하는 각성의 증가와 관련이 있습니다. 예를 들어, 얼굴이 달아오르고 열이 나는 느낌, 가슴이 답답하게 조이는 느낌, 숨 쉬기 어려운 느낌이 들 수 있습니다. 그러나 수치심과 관련된 다른 감각은 슬픔과 비슷한 경우가 많습니다. 예를 들어, 마음이 가라앉는 느낌이나 배가 아픈 느낌이 들 수 있습니다. 다음은 수치심과 함께 자주 나타나는 가장 흔한 신체적 감각들입니다.

- 가라앉는 느낌
- 속이 울렁거리는 느낌
- 얼굴이 뜨겁거나 붉어지는 느낌
- 속이 불편하고 메스꺼운 느낌
- 터널 시야(시야가 좁아지는 느낌)

- 질식할 것 같은 느낌이나 숨이 막히는 듯한 느낌
- 호흡곤란
- 가슴이 답답하고 조이는 느낌
- 메스꺼움
- 팔다리가 무거운 느낌

수치심의 행동적 요소

수치심의 마지막 요소는 행동적 요소로, 수치심을 경험할 때 어떤 행동을 하고 싶다거나 실제로 행동으로 이어지는 것을 말합니다. 수치심을 느낄 때 하고 싶은 행동을 행동 충동(action urges)이라고 합니다. 모든 감정의 중요한 요소 중 하나는 그 감정에 수반되는 행동 충동입니다. 수치심과 함께 가장 흔히 나타나는 행동 충동은 숨거나 피하거나, 자신을 처벌하거나, 자신을 비판하는 것입니다. 이러한 충동을 실제 행동으로 옮기는 것이 보통 효과적이지는 않지만, 만약 스스로를 끔찍하고, 결함이 있으며, 받아들여지지 않는 존재로 생각한다면, 자신을 처벌하거나 타인과 거리를 두고 싶은 충동이 이해가 갑니다. 이 시점에서 분명히 하자면, 우리는 이러한 자기 판단이나 행동 충동이 실제로 도움이 된다고 생각하지 않습니다. 이 워크북은 수치심과 관련된 판단을 줄이고, 수치심을 경험할 때 보다 효과적으로 행동할 수 있는 다양한 기법을 제공할 것입니다. 그럼에도 불구하고, 수치심을 이해하는 관점에서 보면, 부정적인 자기 평가로 인해 발생하는 감정에 그러한 행동 충동이 동반되는 것은 이해가 됩니다. 다음은 가장 일반적으로 수치심과 동반되는 행동 충동의 예시입니다.

- 숨거나 물러나거나 다른 사람들을 피하기
- 얼굴 가리기
- 몸을 움츠리거나 구부리며, 자신을 작게 만들기
- 자책하거나 자신을 비난하기
- 눈을 피하거나, 고개를 숙이거나, 시선 피하기
- 자신을 처벌하기(예: 자해하기)
- 자신의 경험이나 일부를 다른 사람에게 숨기기

- 과도하게 사과하기
- 반복적으로 용서 구하기
- 온라인 회의 등에서 카메라를 끄고 얼굴을 가리거나 부분적으로만 드러내기

감정의 행동적 구성 요소에는 행동 충동뿐만 아니라, 감정을 경험할 때 실제로 하는 행동도 포함됩니다. 수치심을 느낄 때 자주 보이는 행동들은 앞서 언급한 행동 충동과 유사하며, 강렬한 수치심을 느낄 경우에는 앞에서 언급한 행동을 실제로 할 가능성이 높습니다. 잠시 시간을 내어 수치심을 느낄 때 자신이 보통 어떤 행동을 하는지 잠시 생각해 보세요. 자신이 가장 자주 하는 행동 몇 가지를 기록해 보세요.

사람들이 수치심으로 어려움을 겪는 이유는 무엇인가

수치심은 일반적으로 부적응적이며 그다지 도움이 되지 않는 감정임에도, 왜 일부 사람들은 강한 수치심을 경험하는지 궁금할 수 있습니다. 아주 좋은 질문입니다. 수치심으로 어려움을 겪는 데는 여러 가지 요인이 있을 수 있지만, 많은 경우 그들의 성격과 주변 환경이 결합되어 문제가 유발된다고 볼 수 있습니다. 기본적으로 어떤 사람들은 수치심을 자주 경험할 수 있는 성향을 가지고 있으며, 그들이 속한 환경이 계속해서 '너는 부족하다.'라거나 '너는 받아들여질 수 없다.'라는 메시지를 끊임없이 전달한다면, 그들은 수치심으로 인해 큰 어려움을 겪을 가능성이 매우 높습니다.

그렇다면 수치심에 더 취약한 성격 특성이란 무엇을 의미할까요? 연구에 따르면, 사람들은 서로 다른 상황에 걸쳐 수치심을 경험하는 경향, 즉 '수치심 경향성'이라는 성격 특성에서 차이를 보입니다(Lewis, 1971; Schoenleber & Berenbaum, 2012; Tangney & Dearing, 2002; Tangney et al., 1992). 아마 당신도 이러한 경험을 해 본 적이 있을 것입니다. 어떤 사람들은 부끄럽거나 자신의 행동을 지적받는 상황에서도 거의 수치심을 느

끼지 않는 것처럼 보이는데, 이런 사람들은 수치심 경향성이 낮은 사람이라고 할 수 있습니다. 이 사람들은 일반적으로 많은 사람이 수치심을 느낄 수 있는 상황에서도 수치심을 잘 느끼지 않습니다. 반면에 어떤 사람들은 여러 상황에서 자주 수치심을 경험하는데, 이런 사람들은 수치심 경향성이 높은 사람이라고 할 수 있습니다. 이들은 수치심이 자주 일어나는 감정 반응처럼 여겨지며, 수치심을 유발할 수 있는 어떤 신호라도 있다면, 그에 따라 어느 정도는 수치심을 느낄 가능성이 큽니다. 잠시 시간을 내어 당신은 수치심 경향성을 어느 정도 가지고 있는지 생각해 보세요. 당신은 여러 다른 상황에서 수치심을 자주 경험하는 편인가요? 아니면 특정한 상황과 경험에서만 수치심을 느끼나요? 그에 대한 당신의 생각을 적어 보세요.

물론 수치심 경향성이 높다고 해서 강한 수치심으로 고통받는다고 단정할 수는 없습니다. 오히려 특정한 상황적 요인으로 인해 수치심을 더욱 강하게 느낄 수 있습니다. 특히 '너는 충분하지 않다.'라거나 '너의 어떤 점은 받아들여질 수 없다.'라는 메시지를 주는 경우가 그렇습니다. 여기서 언급하는 환경이란 단순히 가깝게 지내는 가족이나 친구와 같은 직접적인 환경을 의미할 수도 있고, 본인이 속한 지역사회나 사회 전체와 같이 더 넓은 환경을 포함할 수도 있습니다. 중요한 점은 특정 사람들이나 사회 전체가 '너는 부족하다.'라거나 '너는 결함이 있다.'라는 메시지를 전달한다는 것입니다. 만약 주변 사람들로부터 이런 메시지를 계속 듣는다면, 수치심으로 어려움을 겪는 것은 당연한 일일 것입니다.

앞서 언급한 바와 같이, 수치심은 자신을 부적절하거나, 결함이 있거나, 가치가 없거나, 받아들여질 수 없는 존재라고 평가할 때 발생하는 경향이 있습니다. 이러한 부정적인 자기 평가는 내면에서 비롯될 수도 있지만, 종종 다른 사람들로부터 받은 유사한 유형의 메시지에 의해 형성되거나 강화되는 경우가 많습니다. 따라서 가족, 공동체 또는 사회로부터 자신이나 자신의 어떤 부분이 받아들여질 수 없다고 말하는 환경에서 성

장했다면, 자기 자신을 부정적으로 판단하거나 자신에게 문제가 있다고 믿게 되는 것은 전혀 이상한 일이 아닙니다. 실제로 연구에 따르면, 사람들은 다른 사람들이 가진 부정적인 믿음이나 판단을 내면화하는 경향이 있으며(특히 이런 메시지가 빈번하거나 지속적일 경우), 자신에 대한 부정적인 메시지를 믿게 되는 경우가 많다고 합니다(Drapalski et al., 2013; Simbayi et al., 2007; Waugh, Bryne, & Nicholas, 2014; West et al., 2011). 이렇게 내면화된 부정적인 자기 인식은 자기 존중감(self-respect)에 심각한 해를 끼칠 수 있으며(Lysaker, Roe, & Yanos, 2006; Rössler, 2016), 이는 수치심을 유발할 가능성이 큽니다(Schoenleber & Berenbaum, 2012).

사회적 낙인과 소외

자신이 속한 지역사회나 사회 전체로부터 부정적인 메시지를 받을 때, 일부 사람들이 왜 수치심을 느끼고 힘들어하는지 설명하는 데 도움이 되는 요소가 바로 사회적 낙인과 소외입니다. 낙인이란, 정신건강 문제, 신체장애, 신체적 질병, 또는 특정 성적 지향 또는 민족적 정체성과 같은 특정한 특성을 가지고 있다는 이유만으로 부정적인 이미지를 부여하는 것을 의미합니다. 예를 들어, 연구에 따르면 정신건강 문제로 어려움을 겪는 사람들은 종종 상당한 사회적 낙인을 경험하며, 사회는 그들을 위험하거나 예측할 수 없는 존재로 보는 경향이 있다고 합니다(Rössler, 2016). 이러한 낙인은 단순히 특정한 특성을 가진 사람에 대한 부정적인 인식으로 이어질 뿐만 아니라 수치심과 밀접한 관련이 있는 차별 및 소외로 이어질 수 있습니다. 이 책의 소개 및 가이드에서 언급했듯이, 소외 집단에 속한 사람들은 종종 자신의 정체성이나 정체성 일부에 대해 수치심을 느낄 수 있습니다.

소외 집단은 문화적 또는 민족적 배경, 성적 지향이나 성 정체성, 장애 여부 등과 같은 이유로 역사적으로 사회에서 불공정한 대우를 받아 온 사람들을 의미합니다. 예를 들어, 소외 집단에 속하는 사람들은 다른 사람들과 동일한 기회나 자원에 접근하지 못할 수 있으며, 부당한 대우를 받거나 심지어 폭력의 대상이 될 수도 있습니다. 이러한 집단에 속하는 사람들은 사회로부터 끊임없이 '열등하다.'라거나 '다른 사람들보다 덜 중요하다.'라는 메시지를 지속적으로 받게 됩니다. 이러한 메시지는 광범위하게 퍼져 있어서 쉽게 벗어날 수 없습니다. 소외 집단의 사람들은 매일 다른 사람이나 사회 전체로부터 이러한 메시지를 접하게 되며, 이러한 종류의 메시지는 그들의 자기 인식에 부정적인 영향을 미칠 수 있습니다. 한번 생각해 보세요. 만약 자신이 '부족하다.'거나 '어떤 면에서 결함이 있다.'라는 메시지를 지속적으로 접하게 되면, 이러한 부정적인 메시지를 내면화하지 않기는 매우 어려울 것입니다. 이러한 메시지가 내면화되는 것을 '내면화된 낙인(internalized stigma)'이라고 하며, 이는 사람들이 자신에게 본질적으로 잘못된 부분이 있다는 생각을 쉽게 받아들이게 하고, 결국 수치심으로 이어질 수 있습니다.

트라우마 경험

수치심을 유발할 수 있는 또 다른 환경적 요인은 트라우마의 경험입니다. 특히 성적이나 신체적 폭력을 경험한 경우, 세상과 타인, 그리고 자신에 대한 인식을 크게 변화시킬 수 있습니다. 인간은 세상은 대체로 안전하고, 사람들은 대체로 선하다고 생각하며, 자신의 신체와 안전, 건강을 스스로 지킬 수 있다고 믿는 경향이 있습니다. 그러나 누군가가 트라우마 사건을 겪게 되면, 이러한 세상, 타인, 자기 자신에 대한 믿음이 산산조각 나게 되고, 다른 사람이 왜 타인을 해칠 수 있는지, 끔찍한 일이 왜 발생하는지 이해하려고 애쓰게 됩니다. 그러나 이를 이해하고 해석하는 것은 매우 어렵고, 때로는 불가능합니다. 이로 인해 사람들은 트라우마 경험을 이해하려고 노력하면서 자신을 탓하게 되는 경우가 많습니다. '내가 무언가 잘못했기 때문에 이런 일이 생긴 것이 틀림없어. 내가 다른 선택을 했더라면 이런 일이 일어나지 않았을 텐데. 이런 일이 일어난 걸 보면 내가 그런 일을 당할 만한 사람이었나 봐.'라는 식으로 말입니다. 이런 생각들은 고통스럽지만, 일종의 통제감을 주며, 다시는 비슷한 일이 발생하지 않도록 막을 수 있을지도 모른다는 느낌을 줍니다. 이런 느낌을 갖게 되는 것이 그저 이해할 수 없는 상황을 마주하는 것보다 더 낫다고 느낄 수 있습니다. 문제는, 이와 같은 생각이 사건을 정확하게 반영하지 않으며, 강한 수치심으로 이어질 수 있다는 것입니다.

또한 이러한 트라우마 경험을 다른 사람들과 공유하지 않거나 적극적으로 숨기려고 할 경우, 수치심은 더욱 강화될 수 있습니다. 특히 성적 또는 신체적 폭력의 경우, 그들이 경험하고 있는 수치심 때문에 자신이 겪은 일을 다른 사람들에게 알리고 싶어 하지 않는 경우가 많습니다. 트라우마를 경험한 사람들은 이를 다른 사람들과 이야기하는 것이 불편하게 느껴지거나 심지어 이를 철저히 숨기려는 경향이 있을 수 있습니다. 이러한 반응은 충분히 이해할 수 있지만(자신에게 일어난 일을 공유하면 고통스러운 생각이나 감정이 떠오를 수 있고, 다른 사람들이 어떻게 반응할지 두려울 수 있기 때문에), 자신의 과거 일부를 숨기는 행동은 때로는 자신의 과거에 어떤 문제가 있거나 부끄러운 부분이 있다는 메시지를 전달하는 것일 수 있습니다. 즉, 이러한 태도는 자신의 과거 중 일부는 반드시 숨겨야 한다는 메시지를 스스로에게 보내는 것으로 수치심을 더욱 심화시킬 수 있습니다. 마지막으로, 트라우마 사건은 극복하거나 다루기가 매우 어려울 수 있기 때문에, 자신을 '나는 상처받은 사람이다.' '나는 사랑받을 자격이 없다.' '나는 무력하다.'와 같은 부정적인 자아 인식을 만들어 내며, 이러한 부정적인 자아 인식은 수치심이 자라나는 토대를 제공할 수도 있습니다.

수치심을 일으킬 수 있는 환경적 요인에 대해 배운 내용을 다시 살펴보고, 그중 일부가 당신과도 관련이 있는지 생각해 보세요. 그리고 주변 환경으로부터 받은 메시지와 당신이 겪었던 경험들이 수치심을 유발하거나 강화시킨 적이 있다면, 그에 대한 당신의 생각을 적어 보세요.

수치심을 일으키는 구체적인 단서들

이제 왜 일부 사람들이 수치심을 느끼기 쉬운지를 더 깊이 이해하게 되었으니, 이번에는 수치심을 불러일으킬 수 있는 경험이나 상황의 유형에 주목할 때입니다. 수치심이 상황에 상관없이 항상 존재하는 것처럼 느껴질 수 있지만, 감정은 언제나 특정 순간에 어떤 요소에 의해 촉발되거나 유발된다는 점이 중요합니다. 어떤 감정이 갑자기 떠오르거나 늘 존재하는 것처럼 보이더라도, 그 감정 역시 항상 무언가에 의해 촉발됩니다. 수치심도 예외는 아닙니다.

그렇다면 어떤 종류의 경험들이 수치심을 유발하거나 촉발하는 경향이 있을까요? 예상할 수 있듯이, 이는 일반적으로 수치심을 더 쉽게 느끼게 만드는 경험과 유사합니다.

특히 수치심을 유발하는 대부분의 단서는 '받아들여지지 않는다.' '충분히 좋지 않다.' 또는 '어떤 면에서 실패했다.'라는 직접적인 메시지와 관련이 있습니다. 수치심을 경험하기 쉬운 환경에 대해 우리가 앞서 이야기했던 내용을 되돌아보면, 이러한 설명이 더 잘 이해될 것입니다. 수치심을 경험하기 쉽게 만드는 환경은 대개 사람들이 '나는 충분히 좋지 않다.'라거나 '나는 문제가 있다.'라는 메시지를 보내는 환경입니다. 따라서 일상생활에서 이러한 단서들을 접하게 되면, 그것들은 수치심을 불러일으킬 가능성이 큽니다. 예를 들어, 자신이나 자신의 일부(자신의 감정, 신념 또는 정체성의 특정 부분)에 대해 '받아들여질 수 없다.'라는 메시지를 받는 것은 수치심을 유발하는 대표적인 단서 중 하나이며, 이러한 메시지를 받게 되면 수치심을 느끼지 않기 어렵습니다. 따라서 당신을 비판하거나, 당신이 믿고 있는 신념이나 감정을 수용할 수 없다고 말하거나 당신 또는 당신의 정체성의 일부를 받아들이지 않는 사람들과 함께 있으면 수치심을 느끼게 될 가능성이 큽니다.

앞서 언급한 것처럼, 수치심을 유발하는 단서는 자신이나 자신에 대한 어떤 점이 받아들여지지 않는다는 직접적인 메시지일 수도 있고, 단순히 자신이 받아들여지지 않는다는 인식일 수도 있습니다. 이 구분은 중요합니다. 왜냐하면 다른 사람이 당신에게 '당신은 있는 그대로 받아들여질 수 없다.'라는 메시지를 보내지 않더라도 수치심을 경험할 수 있기 때문입니다. 만약 자신이 그런 메시지를 내면화했거나 스스로를 부정적으로 판단하는 경향이 있다면, 이러한 부정적인 자기 판단과 비판이 순간적으로 수치심을 유발할 수 있습니다. 실제로 이것이 일부 사람들이 항상 수치심을 느끼는 이유 중 하나입니다. 자신이 실패했거나 잘못된 행동을 했다고 느끼거나, 단순히 자신의 존재 자체를 비판하고 부정적으로 판단하는 것이 수치심을 초래한다는 것은, 오랫동안 수치심을 유발하는 단서들에 둘러싸여 있었음을 의미할 수도 있습니다. 하지만 좋은 소식은, 만약 수치심을 유발하는 단서가 내부적(즉, 자신 안에서 나오는 신호)이라면, 이러한 단서에 더 효과적으로 대처하고 단서에 의해 촉발되는 수치심의 강도를 줄이는 방법을 배울 수 있다는 것입니다. 이 책에서 당신에게 가르쳐 줄 많은 기술이 바로 그러한 목표를 달성하기 위해 개발되었으며, 그 기술들은 수치심을 유발하는 가장 일반적인 단서에 대한 반응을 바꿀 수 있는 강력한 방법들을 제공할 것입니다.

제3장에서는 수치심을 유발하는 경험과 상황을 파악하는 방법을 알려 줄 것입니다. 지금은 일단 수치심을 유발하는 가장 일반적인 단서들을 살펴보겠습니다.

- 나를 지지하지 않는 이들과 함께 시간을 보내는 경우
- 자신이 무언가 잘못했다는 말을 듣는 경우
- 자신의 일부 또는 정체성이 받아들여지지 않는다는 말을 듣는 경우
- 자신이 믿거나 느끼는 것이 잘못되었거나 받아들여지지 않는다는 말을 듣는 경우
- 누군가로부터 비난받거나, 꾸중을 듣거나, 조롱당하는 경우
- 다른 사람들 앞에서 비난받거나 조롱당하는 경우
- 자신이 했던 일, 생각했던 것, 또는 느꼈던 것 때문에 다른 사람에게 거부당하는 경우
- 자신의 가치관이나 되고자 하는 모습에 반하는 행동을 하는 경우(예: 다른 사람을 해치는 행동)
- 다른 사람들이 잘못되거나 나쁘다고 한 일을 하는 경우
- 실수 또는 실패를 경험한 경우
- 부끄럽게 여기는 과거의 행동을 떠올리는 경우
- 스스로가 마음에 들지 않는 어떤 부분이 다른 사람에게 드러나는 경우

앞으로 나아가기

만약 오랫동안 수치심으로 어려움을 겪어 왔다면, 그 수치심의 패턴을 변화시키고 그것이 삶에 미치는 영향을 줄이는 데 시간이 필요할 것입니다. 이 워크북에서 배우게 될 기술들이 수치심을 극복하는 데 도움이 될 것이라고 확신하지만, 수치심에서 회복하는 과정에는 시간이 필요합니다. 그러므로 이 워크북의 목표는 수치심을 예방하고, 수치심이 생겼을 때 이를 다루는 방법을 배우며, 예전과 같은 방식으로 수치심에 사로잡히지 않도록 다양한 기술을 최대한 많이 제시하는 것입니다.

제2장

DBT와 DBT 기술의 이해

DBT의 간략한 역사

변화의 필요성

수용의 필요성

DBT의 핵심 요소와 DBT 기술 배우기

DBT 기술은 수치심에 어떻게 도움이 되는가

앞으로 나아가기

아만다(Amanda)는 치료사의 사무실에 10분 늦게 도착하여, 불안감과 압박감을 느꼈다. 그녀의 친구는 아만다가 너무 자기 존중감이 낮고 우울해 보인다고 생각하여 DBT 치료사를 만나 보라고 권유했다. 아만다는 친구를 믿고 예약을 하기는 했으나, DBT에 대해서 들어 본 적이 없어 뭘 기대할 수 있을지도 전혀 알지 못했다.

첫 번째 회기에서 치료사는 아만다의 삶, 배경, 현재의 경험과 증상, 그리고 자살 시도 이력에 대해 질문했다. 치료사는 이러한 주제를 편안하게 이야기하며 동시에 솔직하고 직접적이면서도 따뜻한 태도를 유지했다. 아만다는 기분이 우울하며 자신에 대한 부정적인 생각, 자신의 외모에 대한 부정적인 생각, 그리고 현재 자신이 인생의 어느 지점에 와 있는 것인지에 대한 고민으로 힘들어했다. 그녀는 친구들과의 만남을 피하고 점점 더 고립감을 느꼈다. 그녀는 한 블로그에서 수치심으로 고통받으며 사람들을 피하고, 자신을 비판하고, 고립감을 느낀 경험을 공유한 글을 읽게 되었다. 그녀는 이 내용을 치료사에게 이야기했다. 그러고 나서 곧 수치심이 오랫동안 자신의 삶을 어둡게 만들고 있음을 알게 되었다.

이 장에서는 아만다가 수치심을 다루기 위해 DBT 기술을 배우는 과정을 예시로 들어가며 설명하겠습니다. 그 과정에서 DBT에 대한 기본 정보를 제공하고, 이어서 DBT 기술에 관해서도 설명하겠습니다. 먼저, DBT가 무엇인지, 그리고 DBT가 어떻게 만들어졌는지에 대해 설명한 후, 사람들이 DBT에서 배우는 네 가지 기술 세트와 이러한 기술들이 특히 수치심을 관리하는 데 어떻게 도움이 될 수 있는지 설명하겠습니다.

DBT의 간략한 역사

DBT는 마샤 리네한 박사에 의해 개발되었습니다. 리네한 박사는 그녀 자신이 심각한 정신건강 문제를 겪었던 사람입니다. 그녀는 워싱턴 대학교의 명예 교수이자 심리학자로, 1970년대에 DBT를 개발하기 시작했습니다. 우리는 그녀를 '마샤'라고 부르는데, 이는 이 책의 저자 중 한 명이 그녀 가까이에서 일한 경험이 있고, 마샤 박사도 우리가 그녀를 '리네한 박사' 대신 '마샤'라고 부르기를 원했기 때문입니다. 어쨌든, 마샤는 젊은 시절 심각한 정신건강 문제를 겪었으며, 자해와 자살 시도를 했고, 환각과 망상 같은 정신중적 증상도 경험했습니다. 그녀는 청소년 시기와 성인 초기, 정신과 병원에 입원한 경험도 있습니다. 그녀는 한때 직원들이 자신을 가장 심각한 정신 질환을 앓고 있는 환자로 여겼다고 말하기도 했습니다(Linehan, 2020).

마샤는 회복의 길을 걸으면서 자신과 같은 사람들을 돕고 싶다는 생각을 하게 되었습니다. 그녀는 자신이 지옥에 있었기에 그 지옥에서 벗어나는 방법을 다른 사람들에게 가르쳐 주고 싶다고 말하곤 했습니다. 그녀의 목표는 극심한 고통을 겪는 사람들을 찾아서 그들이 기쁨을 느끼고 삶을 가치를 발견할 수 있는 방법을 배우도록 돕는 것이었습니다. 마샤는 극심한 고통을 겪고 있을 가능성이 높은 사람들은 스스로 생을 마감하려 하는 사람일 거라고 생각했습니다. 그래서 DBT가 처음 개발되었을 때는 만성적으로 자살을 시도하는 사람들을 돕는 데 초점을 맞추었으며, 그들의 고통을 줄이고 삶의 방향을 찾을 수 있는 기술을 배우도록 돕는 데 중점을 두었습니다. 오늘날 DBT는 경계성 성격장애, 자해, 분노, 우울증, 외상 후 스트레스 장애, 특정 섭식장애 등 다양한 문제를 가진 사람들에게 유용한 치료법으로 자리 잡았습니다.

사람들이 가치 있는 삶을 살도록 돕는 한 가지 방법은 수치심과 같은 정서적 고통을 유발하는 삶의 환경, 사고방식, 행동을 변화시키는 것입니다. 예를 들어, 아만다는 자신의 일, 인간관계, 외모 등 삶의 여러 영역에서 수치심을 느꼈습니다. 치료는 그녀가 자신의 직업 상황에 대한 불만을 해결하고, 외모에 대한 자기 비판을 줄이며, 다른 사람들과의 관계에서 회피하거나 스스로를 고립시키지 않도록 돕는 방식으로 진행되었습니다.

수치심을 극복하기 위한 첫걸음 중 하나는 그것이 당신의 삶에 미치는 영향을 이해하는 것입니다. 이 워크북은 수치심에 대해 다루고 있으므로, 당신의 삶에서 수치심을 유발하는 원인이 무엇인지 생각해 보는 것이 중요합니다. 현재 겪고 있는 어려움에 해당하는 항목에 체크해 보세요. 다음 체크리스트는 수치심을 자주 경험하는 사람들이 공통적으로 겪는 여러 가지 진술이 포함되어 있습니다. 자신에게 해당하는 항목에 표시해 보세요.

- ☐ 수치심과 관련된 고통스럽거나 압도적인 감정을 자주 경험하나요?
- ☐ 자신(자신이 누구인지, 현재의 행동과 과거의 행동)에 대한 부정적인 생각으로 괴로워하나요?
- ☐ 자신에게 무언가 문제가 있거나 나쁜 사람이라는 생각을 가지고 있나요?

☐ 과거의 트라우마나 스트레스가 현재 삶에 영향을 미치고 있나요? 이러한 경험에 대해 스스로를 탓하거나 너무 수치심을 느껴서 이야기하지 못한 적이 있나요? 혹은 수치심 때문에 사람들을 피하거나 특정 상황을 회피하고 있나요?

☐ 다른 사람들이 당신을 부정적으로 대하거나 판단하거나 거부한다고 느끼나요?

☐ 자신이 다른 사람들과 다르거나 이방인처럼 느껴질 때가 있나요?

☐ 수치심 때문에 당신에게 의미 있거나 중요한 일을 제대로 하지 못하고 있나요?

☐ 자해, 약물 또는 알코올 섭취와 같이 단기적으로는 도움이 될 수 있지만, 장기적으로는 상황을 악화시키는 행동을 통해 수치심을 처리하려 하고 있나요?

이 중 몇 가지 항목에 체크했나요? 몇 가지라도 체크했다면, 수치심이 당신의 삶에 꽤 부정적인 영향을 미치고 있을 수 있습니다. 하지만 좋은 소식은, 수치심과 관련된 어려움을 체크리스트로 작성하는 것만으로도 중요한 첫 단계를 밟았다는 점입니다. 이것은 당신이 수치심으로부터 더 자유로워지기 위해 필요한 변화가 무엇인지를 명확하게 하는 중요한 단계입니다.

변화의 필요성

우리의 삶에는 스트레스를 유발하는 많은 요인이 존재하며, 때로는 이로 인해 다양한 고통을 겪기도 합니다. 이러한 고통을 극복하는 방법 중 하나는, 삶에 변화를 시도하고, 즐겁고 의미 있는 방식으로 살아가는 것입니다. 이것이 바로 DBT의 궁극적인 목표입니다. 사람들이 살아갈 만한 가치가 있는 삶을 어떻게 구축할 수 있는지 배우도록 돕는 것입니다. 하지만 이 과정은 많은 변화를 요구하며, 결코 쉬운 일이 아닙니다! 수치심으로 인한 고통을 극복하기 위해서는 종종 자신의 행동과 관점을 바꾸고, 새로운 대처 기술을 익히며, 주변 사람들과의 관계 방식을 변화시키거나, 그들에게 다르게 대해 달라고 요청하는 등의 노력을 해야 합니다. 자신의 행동이나 삶의 일부를 변화시켜야 한다는 사실이 곧 당신이 문제의 원인이라는 의미는 아닙니다. 사실 DBT에서는 사람들이 자신의 문제를 스스로 만들어 내지 않았다는 가정을 전제로 합니다. 그러나 동시에 그 문제를 해결할 방법을 찾는 것은 각자의 책임임을 강조합니다.

수용의 필요성

DBT에서 가장 중요한 개념 중 하나는 변화만으로는 충분하지 않다는 것입니다. DBT를 개발하는 과정에서 마샤는, 고통을 유발하는 삶의 부분을 변화시키는 것도 중요하지만 내담자가 자기 자신을 있는 그대로 수용하는 법을 배워야 한다는 것을 빠르게 깨달았습니다.

이는 삶을 변화시키는 유일한 방법이 현재 상황을 있는 그대로를 받아들이는 것임을 의미합니다. 예를 들어, 당신이 암과 같은 심각한 질병에 걸렸다고 가정해 봅시다. 만약 진단을 받아들이지 않고 증상을 무시하며 병원 진료를 피한다면, 더 심각한 문제가 발생할 수 있습니다. 반면에 힘든 과정이더라도 자신이 암에 걸렸다는 사실을 인정하고 받아들인다면, 적절한 치료와 관리를 받을 가능성이 높아지고, 회복할 확률도 훨씬 높아질 것입니다.

정서적 고통이나 외상, 스트레스를 주는 상황, 또는 기타 삶의 어려움에서 회복하는 과정도 마찬가지입니다. 삶을 변화시키기 위해서는 먼저, 현재의 상태를 받아들이는 것이 필요합니다. 그러나 안타깝게도 수치심은 사람들이 자신의 문제를 받아들이는 것과는 반대되는 행동을 하게 만듭니다. 이는 문제를 회피하려는 경향을 부추깁니다. 수치심을 느낄 때, 숨고 싶거나, 문제에 대해 생각하지 않으려 하거나, 다른 사람에게 털어놓는 것을 피하고 싶었던 경험이 있나요? 회피하고 있는 문제를 해결하기란 쉽지 않습니다. 예를 들어, 우울증에 대해 그리고 삶에서 원하는 일을 하지 못하는 것에 대해 수치심을 느끼고 있다면, 가장 중요한 첫걸음은 현재의 삶이 원하는 모습이 아니라는 사실을 인정하고 받아들이는 것입니다. 또한 당신을 비참하게 느끼도록 하는 수치심을 느끼고 있다는 점을 인정하는 것도 필요합니다. 이러한 문제를 받아들인다면, 문제를 회피할 때보다 자신을 돕거나 다른 사람에게 도움을 구할 가능성이 훨씬 높아질 것입니다. 따라서 수치심을 극복하기 위해서는 현재 상태를 받아들이고 동시에 상황을 변화시키기 위한 노력이 필요합니다. 다행히도, 이것이 바로 DBT와 DBT 기술의 핵심입니다.

수용에 대해 배우기 위해 마샤는 교수로 일하던 중 안식년을 맞아 수도원을 방문하기로 결심했습니다. 그녀는 그곳에서 3개월 동안 선(Zen) 수행에 대해 배웠습니다. 선 수행은 지금 이 순간에 자신이 경험하고 있는 것에 주의를 기울이는 것과 관련 있습니다. [선과 마음챙김에 대한 자세한 내용은 스즈키 슌류(Shunryu Suzuki)의 『선 마음, 초심자의 마음(Zen Mind, Beginner's Mind)』을 참조하세요.] 이를 실천하기 위해 우리는 자신이 원하는 것을 내려놓고, 우리가 가진 현재를 경험해야 합니다. 예를 들어, 우리는 움직이고 싶거나, 가려운 곳을 긁고 싶거나, 더 편안한 의자를 찾고 싶거나, 소리를 지르며 방에서 뛰쳐나오고 싶거나, 다른 음식을 먹고 싶어 할 수 있습니다. 선과 마음챙김을 실천하는 동안 중요한 점은 이러한 모든 욕구를 단순히 경험할 뿐, 행동으로는 옮기지 않으면서 현재의 순간에 집중하는 것입니다.

마샤는 이러한 현재에 대한 마음챙김과 있는 그대로의 수용이라는 핵심 기술이 많은 고통과 어려움을 겪어 왔으며 그러한 고통과 고난들을 있는 그대로 수용하는 데 큰 어려움을 겪어 온 내담자들에게 매우 결정적이라는 것을 깨달았습니다. 이에 따라 DBT에는 온전한 수용(radical acceptance) 기술뿐만 아니라 마음챙김 기술이라는 일련의 기술이 포함되어 있습니다(이에 대해서는 곧 자세히 설명하겠습니다). 따라서 DBT는 자신을 불행하게 만드는 문제를 해결하는 것 외에도, 지금 이 순간의 경험에 더 마음챙김을 가지고 주의를 기울이고, 상황을 있는 그대로 받아들이는 데도 도움을 줄 수 있습니다.

DBT의 마음챙김 및 수용 기술을 배우면, 여러 중요한 요소를 받아들이는 방법을 배우는 데 도움이 될 수 있습니다. 만약 수치심으로 인해 어려움을 겪고 있다면, 자신을 받아들이는 것이나 자신의 특성을 받아들이는 데 어려움을 겪을 때가 있을 것입니다. 또한 과거에 당신에게 일어난 일이나 당신이 저지른 행동을 받아들이는 데도 어려움이 있을 수 있습니다. 더 나아가, 수치심이나 다른 힘든 감정을 느낀다는 사실조차 받아들이기 어려운 경우도 자주 있습니다. DBT 기술은 삶의 이러한 어려운 부분들을 수용하도록 돕는 동시에 중요한 변화를 이루어 당신이 더 행복한 삶을 살 수 있도록 도움을 줄 수 있습니다. 다음 [연습 2-1]을 완성해 보세요.

연습 2-1 받아들이기 어려운 것들

다음 빈칸에 자신의 삶에서 받아들이기 어려운 것들을 세 가지 영역으로 나누어 적어 보세요.

1. 받아들이기 어려운 자신 또는 자신의 특성

아만다의 예 나는 내 몸무게가 생각보다 많이 나가는 것을 받아들이기 어렵다.

2. 현재의 삶의 상황이나 환경 중 받아들이기 어려운 것

아만다의 예 나는 친구들이 나와 같은 교육을 받고도 나보다 더 성공했다고 느낄 때, 내가 저임금을 받고 있다는 사실을 받아들이기 어렵다.

3. 수치심이나 받아들이기 어려운 기타 감정

아만다의 예 나는 슬픔과 수치심을 자주 느낀다는 사실을 받아들이기 어렵다. 정말 고통스럽다.

이제 [연습 2-1]을 완료했으니, 당신의 삶에서 받아들이기 어려운 삶의 부분에 대해 더 잘 알게 되었을 것입니다. DBT 기술은 당신이 이러한 부분을 수용하는 데 도움을 줄 수 있습니다. 이를 통해 감정적 고통과 수치심이 줄어들 것입니다. 수치심은 자신에게 문제가 있다고 느끼거나 본질적으로 문제가 있다고 느끼게 하는 마음의 한 예입니다. 본질적으로 수치심은 자신에 대한 성격, 정체성 또는 기타 특성과 같은 부분이 나쁘거나 받아들여지지 않는다고 말합니다. 따라서 자신, 자기 삶의 환경, 그리고 자신의 정체성을 받아들이는 방법을 배우는 것은 수치심을 줄이는 데 매우 중요한 첫걸음이 될 수 있습니다. 이제 아만다의 일상에서 수치심이 어떻게 작용하는지 살펴보겠습니다. 이 장이 진행됨에 따라 아만다의 DBT 치료 과정에 대해 더 많은 내용을 알게 될 것입니다.

아만다의 이야기

아만다는 전날 처참한 하루를 보낸 뒤 우울한 기분으로 치료 회기에 도착했다. 그녀는 비참함과 강렬한 수치심을 느꼈고, 자해를 한 상태였다. 아만다와 그녀의 치료사는 무슨 일이 있었는지 파악하기 위해 함께 노력했다. 아만다는 친구와 함께 시간을 보내며 과도하게 술을 마셨고, 자신과 친구의 외모를 비교하기 시작했다. 그 결과, 질투와 열등감, 그리고 수치심을 느끼게 되었다. 수치심이 그녀를 압도하자, 그녀는 어떻게 대처해야 할지 몰라 모임에서 일찍 떠났다. 집으로 돌아와 TV를 보며 주의를 돌리려고 했지만 그다지 효과가 없었고, 자신에게 화가 나고 좌절감을 느꼈으며, 이는 수치심을 더욱 악화시켰다. 결국 그녀는 한계에 다다른 듯한 기분이 들었고 '나쁜 사람'이라고 자책하며 자신을 처벌하기 위해 자해를 하게 되었다. 아만다와 그녀의 치료사는 이 모든 일이 어떻게 일어났는지 파악한 후, 그녀가 그 상황에서 다르게 행동할 수 있었던 기술들에 대해 논의했다.

DBT의 핵심 요소와 DBT 기술 배우기

DBT의 구성 요소는 무엇일까요? 이 워크북은 수치심을 극복하는 데 도움이 되는 DBT 기술을 다루고 있지만, DBT가 단순히 기술만을 포함하는 것이 아니라 훨씬 더 포괄적인 치료라는 점을 이해하는 것이 중요합니다. DBT는 '종합 치료(comprehensive treatment)'라고 불리며, 복잡한 심리적 또는 정서적 어려움을 겪는 사람들을 돕기 위한 다양한 구성 요소를 포함하고 있습니다. 비록 DBT 프로그램에 직접 참여하고 있지 않더라도, 이 치료법에 관심이 있는 분들을 위해 DBT의 주요 핵심 요소를 소개합니다.

- **개인 치료**: 매주 치료사와 만나 자신에게 중요한 목표를 설정하고, 방해가 되는 행동들(예: 자해, 약물 사용, 회피 또는 기타 행동)을 줄이며 원하는 삶을 만들어 가기 위해 작업합니다.
- **전화 상담**: 개인 치료사가 회기 사이에 전화(또는 이메일, 문자 등)를 통해 내담자가 어려운 상황에서 치료에서 배운 기술을 활용할 수 있도록 지원합니다.
- **기술 훈련 그룹**: 매주 열리는 그룹 회기에 참여하여 DBT 기술 전반을 배우는 과정입니다(다음에서 자세히 설명합니다).
- **DBT 치료사 상담팀**: 모든 치료사가 매주 모여 내담자에게 효과적인 치료를 제공하고 있는지를 점검하고 협력하는 시스템입니다.

종합 DBT 치료를 어디서 어떻게 받을 수 있는지 궁금하다면 다음 몇 가지 단계를 거쳐야 합니다.

- DBT–Linehan 인증 위원회(DBT–Linehan Board of Certification) 웹사이트(https://dbt-lbc .org/index.php?page=101167)를 방문해 보세요. DBT–Linehan 인증 위원회는 DBT와 관련된 치료사들을 인증하는 기관으로, 치료사가 인증을 받았다는 것은 DBT 분야에서 필요한 기술과 지식을 가지고 있음을 입증했다는 것을 의미하며, 이를 통해 치료사가 전문성을 갖고 일을 수행하고 있음을 신뢰할 수 있습니다. 이 웹사이트에는 인증된 치료사와 프로그램의 목록이 포함되어 있습니다.
- Behavioral Tech, LLC의 공식 웹사이트(https://behavioraltech.org/)를 방문해 보세요. Behavioral Tech는 마샤가 DBT 분야의 치료사들을 교육하기 위해 설립한 회사입니다. 이 사이트의 자원(resources) 부분에는 DBT 전문 교육을 받은 팀과 프로그램 목록을 확인할 수 있습니다.
- 지역 심리학자, 사회복지사 또는 지역 기관, 상담사와 관련된 기관의 웹사이트를 방문해 보세요. 이러한 웹사이트에는 추천 안내책자가 포함되어 있어 DBT를 제공하는 치료사를 찾을 수 있습니다. 다만, 찾은 치료사가 종합 DBT 서비스를 제공한

다고 보장할 수는 없으므로, 연락 시 이에 대해 직접 확인하는 것이 좋습니다.

DBT 기술은 수치심에 어떻게 도움이 되는가

DBT는 사람들이 의미 있고 가치 있는 삶을 만들어 가는 방법을 배우는 데 도움이 되는 네 가지 기술 세트를 배우는 데 중점을 둡니다. DBT의 기본 개념은, 많은 사람이 더 행복하고 만족스러운 삶을 살기 위해 필요한 도구를 개발할 기회를 과거에 가지지 못했다는 것입니다. 어떤 사람들은 어릴 적 그러한 기술을 배울 기회가 없었을 수도 있고, 학대나 트라우마와 같은 부정적인 삶의 사건들이 삶을 매우 어렵게 만들어 대처하는 방법을 배우기 더 힘들었을 수도 있습니다. 또한 매우 충동적이거나 감정적으로 반응하는 특성이나 성향이 적응을 방해했을 수도 있습니다. 만약 감정 기복이 심하거나 충동적인 성향을 가진 경우, 감정을 이해하고 조절하며 자신에게 해가 되는 행동을 멈추는 방법을 배우는 것은 더욱 어려운 일이 됩니다. 어떤 이유에서든, 당신은 고통이나 수치심을 줄이는 데 도움이 되는 기술을 배우지 못했을 수 있습니다. 하지만 좋은 소식은 아직 늦지 않았다는 점입니다!

DBT의 네 가지 기술에는 마음챙김, 고통 감내, 정서 조절, 대인관계 효과성 기술이 포함됩니다. 다음은 이러한 기술들에 관해 설명하고, 이런 기술들이 어떻게 수치심을 극복하는 데 도움을 줄 수 있는지에 대해 설명하겠습니다.

마음챙김 기술

앞서 언급한 바와 같이, 마음챙김과 수용 기술은 수치심을 다루는 데 가장 효과적인 방법 중 하나입니다. 수치심은 본질적으로 자신을 받아들이지 못하는 상태와 관련이 있기 때문입니다. 반면, 마음챙김 기술은 현실을 있는 그대로 경험하고 받아들이는 것을 포함합니다. DBT의 마음챙김 기술은 지금 이 순간에서 삶을 경험하고 적극적으로 참여하는 방법을 배우는 데 도움이 되는 다양한 기술로 구성되어 있습니다. 이를 통해 지혜로운 마음(wise mind)에 접근하는 방법을 배울 수 있습니다. 이는 자신의 감정과 사고를 모두 고려하는 직관과 유사한 상태를 의미합니다. 또한 오감을 통해 지금 이 순간을 알아차리고 경험하는 방법을 배우며, 이를 통해 자신과 타인에게 자신의 경험을 정확히 명명하고 설명할 수 있게 됩니다. 그리고 지금 이 순간에 중요한 활동에 참여하거나 몰입할 수 있게 됩니다. 더불어 자신과 타인을 판단하지 않는 태도를 배우고, 한 번에 한 가지 일에 집중하며, 삶의 문제를 효과적으로 해결하기 위한 행동을 실천하는 방법도 배울 수 있습니다.

마음챙김 기술은 수치심을 다루는 데 매우 유용합니다. 이러한 기술은 다음과 같은 방식으로 수치심을 극복하는 데 도움을 줄 수 있습니다.

- 수치심을 느낄 때 그 감정을 식별하고, 명확하게 이름을 붙이기
- 수치심에서 한 걸음 물러나 그것에 반응하지 않고, 가장 도움이 되는 행동을 선택하기
- 자기 자신, 감정, 그리고 경험을 판단하지 않고 받아들이기
- 수치심과 함께 나타나는 자신에 대한 부정적인 생각에서 한 발짝 물러나, 새로운 관점으로 접근하기

아만다와 치료사는 지난밤의 상황을 다르게 만들 수 있었던 몇 가지 기술에 대해 논의했다. 아만다는 자신의 감정과 머릿속을 스쳐 지나가는 생각을 마음챙김으로 기술(describe)하는 것부터 시작할 수 있다고 했다. 예를 들어, 아만다가 부러움을 느끼고 자신을 부정적으로 평가하는 감정을 느꼈을 때, 마음챙김 기술 중 하나인 관찰하기와 기술하기를 연습하면서 자신의 감정을 판단하지 않고 표현하고, 자기 판단을 단순히 마음이 만들어 낸 생각일 뿐이라고 구분할 수 있을 것이다. 예를 들어, '내 친구는 나보다 더 건강하고 날씬해 보이며, 내가 원하는 직업을 가지고 있고, 애인도 있어서 부러워. 이런 감정은 내가 아직 내 삶을 개선해 나가는 중이기 때문에 드는 당연한 감정이야. 이런 것들을 원하는 것은 정상이야. 이런 감정을 느끼고 싶지 않지만, 내가 이런 감정을 느끼는 것은 사실이고, 괜찮아. 나 자신을 판단하며 떠오르는 생각들은 단순히 생각일 뿐이지 사실이 아니야. 단지 내 마음이 나에게 이야기하고 있는 것일 뿐이고, 내가 이 생각들에 동의할 필요는 없어.'

고통 감내 기술

DBT 고통 감내 기술은 위기 생존(crisis survival) 기술과 현실 수용(reality acceptance) 기술이라는 두 가지 주요 카테고리로 나뉘어져 있습니다. 위기 생존 기술은 위기나 스트레스를 받는 상황에서 상황을 악화시키지 않도록 돕는 기술로, 주의 전환(distraction), 자기 위안(self-soothing), 그리고 극도로 강렬한 감정을 효과적으로 관리하기 등이 포함됩니다. 현실 수용 기술은 현재 상황을 있는 그대로 받아들이는 데 도움이 됩니다. 이러한 기술 중 하나는 온전한 수용으로 이는 현재 상황을 있는 그대로 인정하고 받아들이는 기술입니다. 또 다른 기술로는 마음 돌리기(turning the mind)가 있는데, 이는 자신이 경험하고 있는 것이 무엇이든지 받아들이기로 결심하는 것을 의미합니다. 마지막으로, 기꺼이 수용하기(willingness) 기술은 상황을 있는 그대로 받아들이고, 무엇이 효과적인지에 따라 (효과적으로) 행동하는 기술입니다.

고통 감내 기술은 다음과 같은 방식으로 수치심을 다루는 데 도움을 줄 수 있습니다.

- 수치심을 느낄 때 상황을 더 악화시키는 행동을 피하기
- 자신의 감정이나 판단적인 생각에서 잠깐 벗어나거나 여유를 제공하기
- 자신과 자신의 감정, 경험(과거와 현재 모두)을 받아들이기
- 수치심을 다루는 데 있어 효과적으로 나아가기

아만다는 온전한 수용 기술에 대해 알게 되었을 때, 이것이 자신의 수치심을 줄이는 데 이상적인 기술이 될 수 있음을 금방 알았다. 아만다는 자해했던 그날 밤을 떠올리며 그로 인해 겪었던 어려움 중 하나가 질투심을 견디기 어려웠다는 것임을 깨달았다. 그런 감정을 경험할 때, 아만다는 그렇게 느끼는 자신을 자책하며, 자신을 어리석고 부족한 사람이라고 판단했다. 이는 단순히 질투를 느끼는 고통뿐만 아니라, 질투심을 느낀 자신을 비난하며 수치심까지 더하는 추가적인 고통을 만들어 냈다. 이러한 과정은 결국 상황을 더욱 악화시켰다. 만약 아만다가 온전한 수용을 연습했더라면, 그녀는 이러한 고통을 줄이고 수치심을 예방할 수 있었을 것이다.

정서 조절 기술

DBT 정서 조절 기술은 감정을 이해하고, 인식하고, 관리하는 방법을 배우는 데 도움을 줍니다. 이 기술 중 이로운 감정이란 무엇인지, 우리가 왜 감정을 느끼는지, 그리고 감정이 어떻게 우리를 도울 수 있는지(혹은 우리를 방해할 수 있는지)를 이해하는 데 중점을 둡니다. 또한 수치심, 분노, 두려움, 슬픔과 같은 감정을 정확히 묘사하고 이름을 붙이는 방법도 배울 수 있습니다. 다른 기술들은 강렬한 감정을 느낄 때 어떻게 행동할지, 그런 감정을 불러일으키는 상황에 대해 어떻게 생각할지, 그리고 강렬한 감정을 초래하는 문제를 어떻게 해결할지를 배우는 데 도움을 줍니다. 마지막으로, 정서 조절 기술에는 스트레스와 강렬한 감정에 취약해지지 않도록 도와주는 전략도 포함됩니다. 몸과 마음을 돌보는 것, 스트레스 상황에 미리 대처하는 연습, 그리고 더 긍정적이고 의미 있는 경험을 삶에 추가하는 것입니다.

정서 조절 기술은 다음과 같은 방식으로 수치심을 다루는 데 도움을 줄 수 있습니다.

- 수치심이 무엇인지, 왜 이러한 감정을 느끼는지, 그리고 그로 인해 무엇을 할 수 있는지 잘 이해하기
- 수치심에 동반되는 부정적인 자기 생각에 대해 다른 방식으로 접근하기. 자기 판단적이고 자책하는 생각들과 모순되는 증거에 초점을 맞추기
- 수치심을 느끼더라도 자신의 가치에 부합하는 행동을 선택하기
- 수치심에 반대되는 방식으로 행동하기. 예를 들어, 다른 사람에게 열린 마음으로 대화하거나 자신에게 친절한 태도를 가지기
- 강렬한 수치심에 대한 취약성을 줄이고, 수치심을 유발할 수 있는 문제들을 일부 해결하기

그날 밤, 아만다가 자신의 몸에 대한 수치심과 더불어 직장에서 일을 잘하지 못하는 것에 대한 부정적인 감정으로 수치심이 밀려오기 시작했을 때, 그 감정을 단순히 행동으로 옮기거나 자기 비판적인 생각에 빠지기보다는, 이 감정이 '수치심'임을 알아차리고 '수치심'이라고 이름을 붙였더라면 좋았을 것이다. 이렇게 감정에서 한 걸음 물러서는 것만으로도 그녀는 수치심을 줄이고 해결할 수 있는 다

른 기술을 사용할 여유를 가질 수 있기 때문이다. 예를 들어, 그녀는 자신을 해치는 대신 돌보는 방식으로, 고통 감내 기술 중 하나인 자기 위안을 사용하거나, 정서 조절 기술 중 하나인 팩트 체크하기를 통해 수치심을 악화시키고 있는 판단적 사고 패턴을 재구성할 수도 있었을 것이다.

그리고 '왜 나는 이런 일을 하지 못하는 걸까?' '왜 이렇게 나는 식단과 운동 루틴을 지키지 못하는 걸까?' '나는 아무것도 할 수 없어!'와 같은 판단적 사고에 빠지는 대신, 사실에 집중하여 자신에게 이렇게 말할 수도 있었을 것이다. "현재 이 상황이 너무 힘들어서 답답함을 느끼고 있구나. 좌절감을 느끼는 것도 자연스러운 일이야. 상황이 더 나아지길 바라는 것도 당연한 일이지. 하지만 이런 문제들 때문에 내가 나쁜 사람이거나 잘못된 사람이라는 생각을 하거나 문제가 있다고 느낄 필요는 없어. 나만 이런 문제를 겪는 것은 아니야. 많은 사람이 건강, 체중, 직장 문제로 어려움을 겪고 있어. 나를 처벌하는 것은 오히려 상황을 더 악화시키고, 결국 나 자신에 대한 감정드 더 나빠질 뿐이야."

대인관계 효과성 기술

DBT에서는 대인관계 효과성을 자신의 요구를 충족시키면서 중요한 대인관계를 유지하는 능력으로 설명합니다. 이는 특히 수치심 경향성이 높은 사람에게는 쉽지 않을 수 있습니다. 예를 들어, 수치심을 자주 느끼는 사람은 자신의 요구가 중요하다고 여기지 않을 수 있습니다. 이 경우, 자신이 원하는 것이나 필요한 것을 다른 사람에게 요청하지 않고, 대신 다른 사람의 요구를 더 우선시하는 경향이 생길 수 있습니다. 이러한 상황이 반복되면, 자신의 요구를 소홀히 여기는 자신에 대해 부정적인 감정을 느낄 수 있으며, 이는 결국 인간관계에도 부정적인 영향을 미칠 수 있습니다.

DBT에는 다양한 대인관계 효과성 기술이 있습니다. 기술 중 하나는, 인간관계에서 자신이 원하는 목표를 파악하여, 그 목표를 달성하면서 관계를 유지하고 자기 존중감을 유지하는 방법을 배우는 것입니다. 또 다른 기술은 자신이 원하는 것과 필요한 것을 효과적으로 요청하는 방법과 원치 않는 요청을 '아니요.'라고 거절하는 방법을 배우는 것입니다. 이러한 기술들은 관계를 긍정적으로 유지하고 자신에 대해 좋은 감정을 갖도록 도와줍니다. 또한 이러한 기술들은 다른 사람에게 무언가를 요청할 때(예: 부탁을 하거나 자신을 다르게 대우해 달라고 요청하는 것) 또는 다른 사람의 요청을 거절할 때 언제, 어떻게, 무엇을 요청할지 판단할 수 있도록 도와줍니다. 마지막으로, 파괴적인 관계를 식별하고 그 관계를 떠나는 방법, 새로운 관계를 만드는 방법, 그리고 다른 사람들의 비타당화 발언(invalidating statements)에 대응하는 방법을 배우는 것도 중요한 기술 중 하나입니다.

대인관계 효과성 기술은 수치심을 극복하는 데 다음과 같은 방식으로 도움이 될 수 있습니다.

- 수치심을 느낄 때도 사람들과 효과적으로 소통하는 방법을 배우기
- 수치심의 원인 중 일부가 다른 사람들이 자신을 대하는 행동이라면, 그 행동을 수정해 달라고 요청하기
- 수치심을 증가시키거나 자기 존중감을 저하시키는 요청을 '아니요.'라고 거절하기
- 특히 수치심이 관계의 큰 부분을 차지한다면, 그 관계를 변화시키거나 재고해 보기
- 다른 사람들이 한 말로 인해 수치심에 빠지지 않고, 이를 극복하거나 효과적으로 대처하는 방법을 배우기

아만다는 친한 친구와 함께 시간을 보낼 때, 대인관계 효과성 기술을 사용하여 친구에게 자신이 느끼는 감정을 솔직하게 털어놓을 수 있었다. 친구가 자신이 얼마나 잘살고 있는지 이야기할 때, 아만다는 자신이 느끼는 감정을 솔직하게 하지만 존중과 배려를 담아 표현할 수 있었을 것이다. 예를 들어, "너의 새로운 직장 이야기를 듣고 나니 마음이 좀 복잡해. 네가 정말 열심히 노력했기 때문에 이 모든 성공을 누릴 자격이 있다고 생각하고 정말 기뻐. 하지만 한편으로는, 나는 아직도 너무 힘들어서 어떤 날은 집 밖으로 나가는 것조차 어렵게 느껴져. 솔직히 말하면 네가 조금 부럽기도 해. 그래서 네가 잘 지내고 있다는 이야기가 나에게는 좀 달콤씁쓸하게 다가오는 것 같아. 물론 네 삶에서 좋은 일들이 일어나고 있다는 말을 듣고 싶지 않다는 것은 아니야. 다만, 우리는 친한 친구니까 이런 감정에 대해 솔직하게 이야기하는 게 맞다고 생각했어." 이렇게 마음을 터놓는 것은 수치심과 반대되는 행동이다. 수치심은 우리의 감정을 감추거나 숨기고 싶게 만들지만, 친구와 지지적인 대화를 나누는 것이 나중에 발생할 수 있는 수치심의 악순환을 막을 수 있을 것이다. 수치심은 흔히 다른 사람으로부터 거부당하는 것과 관련이 있지만, 아만다가 친구로부터 수용과 지지를 경험했다면, 그녀는 수치심을 줄일 수 있었을 것이다.

앞으로 나아가기

마샤 리네한 박사는 심각하고 복잡한 정신건강 문제로 고통받는 사람들을 돕기 위해 DBT를 개발했습니다. 그녀는 효과적인 치료를 위해서는 수용과 변화의 균형이 필요하다는 것을 깨달았습니다. DBT는 개인 치료, 전화 상담, 기술 훈련, 그리고 자문팀을 포괄하는 인지행동치료법입니다(앞서 간략히 설명한 내용입니다). 특히 이 워크북은 DBT의 마음챙김, 고통 감내, 정서 조절, 대인관계 효과성의 네 가지 기술 세트에 초점을 맞추고 있습니다. 이 모든 기술은 수치심을 다루고, 수치심이 삶에 미치는 영향을 줄이는 데 도움이 될 수 있습니다. 이 워크북의 나머지 부분에서 이러한 기술들을 소개하고 다룰 예정이며, 이 기술들이 수치심에서 벗어나 자유로워지는 여정에 강력한 동반자가 될 것이라고 확신합니다.

제3장

수치심 패턴 이해하기

수치심에 대한 단서 식별하기

수치심을 인식하고 식별하기

수치심의 다양한 구성 요소에 대한 인식 높이기

수치심을 느끼는 순간 인식하기

앞으로 나아가기

고통스럽거나 힘든 감정을 다루기 위해서는 우선 자신이 그런 감정을 느끼고 있다는 사실을 인식하는 것이 중요합니다. 그래야만 효과적으로 감정을 다루는 기술을 사용할 수 있습니다. 따라서 수치심을 관리하기 위해서는 먼저, 자신의 수치심 패턴을 보다 잘 이해하는 것이 필요합니다. 이는 무엇이 수치심을 유발하는지, 그리고 수치심이 자신에게 어떤 방식으로 작용하는지를 파악하는 것을 포함합니다. 자신의 패턴을 더 잘 이해할수록, 이 워크북에서 배우는 기술을 활용하여 수치심을 관리하거나 예방하는 능력이 더욱 향상될 것입니다.

수치심에 대한 단서 식별하기

우리가 경험하는 모든 감정과 마찬가지로, 수치심도 항상 어떤 계기로 인해 촉발되거나 유발됩니다. 때로는 수치심이 갑작스럽게 나타나거나 늘 존재하는 것처럼 느껴질 수 있지만, 모든 감정은 반드시 어떤 단서에 의해 촉발됩니다. 이것이 감정이 작동하는 원리입니다.

그러나 수치심을 유발하는 단서를 찾는 것은 항상 쉬운 일은 아닙니다. 특히 수치심이 만성적이고 오래 지속되는 경우, 그 순간 무언가 특정한 것이 수치심을 유발하는 것처럼 느껴지지 않을 수 있습니다. 오히려 상황과 관계없이 수치심이 항상 존재하는 것처럼 느껴질 수 있습니다. 또한 수치심을 유발하는 단서 중 일부는 내적인 단서들, 즉 자신의 생각, 감정, 기억, 신체 감각 등 자신의 내부에서 비롯된 것일 수도 있습니다. 따라서 자신 안에서 일어나는 모든 내적 경험을 완전히 알아차리지 못하고 외적 경험(예: 상호작용이나 특정 상황)에만 집중하고 있는 경우, 이러한 단서를 식별하거나 알아차리는 것이 어려울 수 있습니다.

하지만 좋은 소식은, 수치심을 유발하는 단서를 그 순간에 식별하는 것이 어려울 수는 있더라도, 수치심으로 힘든 사람들 중 다수는 그러한 경험과 상황이 몇 가지 공통된 주제로 연결되어 있음을 발견한다는 점입니다. 이러한 주제를 파악하면, 자신이 언제 수치심을 느낄 가능성이 가장 높은지를 예측할 수 있습니다.

제1장에서 언급된 바와 같이, 수치심을 유발할 수 있는 경험의 유형은 매우 다양하

지만 수치심의 단서 중 대부분은 '너는 충분하지 않다.'라거나 '어떤 방식으로든 실패했다.'라는 메시지를 포함하고 있습니다. 이러한 메시지는 매우 미묘하게 암시적으로 전달되는 경우부터 명확하고 직접적으로 표현되는 경우(예: 누군가가 당신의 정체성 일부에 문제가 있다고 지적하거나, 특정 방식으로 느끼거나 행동하는 것이 부적절하다고 말하는 경우)까지 다양합니다. 이러한 메시지는 때로는 의도적으로 전달될 수도 있지만, 상대방이 전혀 그런 의도가 없었음에도 불구하고 그렇게 해석되는 경우도 있습니다. 심지어 상대방은 자신이 전달한 메시지가 그렇게 해석되었다는 사실을 알게 되면 당황하거나 속상해할 수도 있습니다(예를 들면, 누군가가 당신이 더 나아질 수 있는 부분에 대해 건설적인 피드백을 제공하긴 했으나, 그것이 당신이 좀 다르게 행동했어야 했다고 암시하거나 기대한 것은 아닐 수도 있습니다). 또한 이러한 메시지는 타인으로부터뿐만 아니라 자신에게서도 나올 수 있습니다. 예를 들어, 자신이 실패했다고 느끼거나 잘못했다고 생각하며 스스로를 비난하는 경우입니다. 그럼에도 불구하고, '너는 부족하다.'라거나 '실패했다.'라는 메시지가 일반적으로 수치심을 유발하는 단서라고 해도, 사람마다 수치심을 유발하는 고유한 단서가 존재합니다. 따라서 무엇이 당신에게 수치심을 불러일으키는지를 파악하는 것이 중요합니다. [연습 3-1]은 이를 파악하는 데 도움을 줄 수 있습니다.

연습 3-1 수치심에 대한 단서 식별하기

잠시 동안 눈을 감고 당신에게 수치심을 유발하는 상황이나 경험에 대해 생각해 보세요. 어떤 상황, 경험, 상호작용 혹은 생각이 수치심을 유발하는지 떠올려 보세요. 최근에 수치심을 느꼈던 순간들을 떠올리고, 그 당시 어떤 일이 있었는지 자세히 생각해 보세요.

다음은 수치심을 유발할 수 있는 일반적인 단서 목록입니다. 자신에게 해당하는 항목에 체크해 보세요.

☐ 과거의 트라우마가 떠오를 때
☐ 자신을 지지하지 않는 사람들과 함께 있을 때
☐ 다른 사람에게 상처를 주거나 화나게 하는 행동을 했을 때
☐ 내 가치관이나 내가 되고 싶은 모습에 어긋나는 행동을 했을 때
☐ 다른 사람이 잘못되었다거나 나쁘다고 말한 행동을 했을 때
☐ 누군가에게 놀림을 당했을 때
☐ 어떤 일에서 실패했을 때
☐ 자신이 잘못했다고 지적받았을 때
☐ 자신의 일부나 정체성이 받아들여지지 않는다고 들었을 때
☐ 내가 한 행동, 생각 또는 느낌에 대해 거부당했을 때
☐ 부끄럽게 여겼던 과거의 일이 떠올랐을 때
☐ 사적인 일이나 개인적인 일이 다른 사람에게 드러났을 때
☐ 내가 싫어하는 나의 모습이 다른 사람들에게 알려졌을 때
☐ 다른 사람들 앞에서 비판받거나 꾸지람을 들었을 때
☐ 내가 믿는 것이나 느끼는 것이 잘못되었거나 받아들일 수 없다는 말을 들었을 때
☐ 실수를 했을 때

수치심을 유발하는 다른 상황이나 경험이 있나요? 다음 빈칸에 적어 보세요.

어떤 상황과 경험이 당신에게 수치심을 불러일으키는지를 아는 것은, 수치심을 조절하는 방법을 배우는 데 있어 중요한 단계입니다. 자신이 언제 수치심을 경험할 가능성이 가장 높은지 알게 되면, 그러한 상황에서 발생할 수 있는 수치심에 어떻게 대처할지 미리 계획할 수 있습니다. 즉, 수치심을 경험할 위험이 가장 높은 시기를 알게 되면, 정서를 조절하기 위한 기술을 미리 준비할 수 있습니다. 이렇게 하면 명확하게 생각할 수 있을 때 미리 계획하여 더 효과적으로 감정을 관리할 수 있습니다. DBT에서는 이를 '미리 대처하기(coping ahead)'라고 부릅니다. 이는 새로운 장소로의 여행을 계획하는 것과 비슷하다고 생각할 수 있습니다. 만약 좋은 지도를 가지고 시간을 들여 미리 계획을 세운다면, 어느 길로 가야 할지, 어디에서 방향을 바꿔야 하는지, 점심을 먹거나 주유를 할 장소가 어디인지 등을 알 수 있습니다. 시간을 들여 미리 여행 계획을 세웠기 때문에 길을 잃지 않고 훨씬 더 쉽게 목적지를 찾을 수 있는 것입니다. 반면에 아무런 계획 없이 새로운 장소로의 여행을 떠난다면, 길을 잃고 당황하거나 다음에 무엇을 해야 할지 결정하는 데 어려움을 겪을 수 있습니다. 수치심에 대처하는 것도 이와 비슷합니다. 수치심이 생길 가능성을 미리 예상하고, 효과적으로 대처할 수 있는 방법을 미리 계획한다면, 실제로 수치심이 발생했을 때 훨씬 더 잘 대처할 수 있을 것입니다.

수치심을 유발하는 단서를 이해하는 것이 중요한 또 다른 이유는, 이러한 단서 중 일부를 피하거나 노출을 적어도 최소화할 수 있기 때문입니다. 사람들이 겪는 많은 감정의 경우, 그러한 감정을 불러일으키는 모든 상황을 피하는 것은 불가능합니다. 이는 인간으로서 삶을 살아가는 데 있어 자연스러운 일부이기 때문입니다. 예를 들어, 화가 나는 모든 상황을 피하거나, 두려움을 느끼는 모든 것을 피하거나, 슬픔을 불러일으키는 모든 경험, 기억, 생각을 완전히 차단하는 것은 불가능합니다. 이는 수치심을 유발하는 일부 단서들에도 해당됩니다. 어떤 경험들은 삶을 살아가는 데 있어 정상적이고 예상 가능한 부분일 수 있습니다. 수치심 단서 중 일부는 어느 정도 피할 수 있는 것일 수도 있습니다. 예를 들어, 자신의 정체성 일부를 비난하거나, 자신이 누구인지 또는 자신이 하고 있거나 느끼고 있는 것들이 받아들일 수 없다고 말하는 사람들이 주변에 있다면, 그 사람과의 접촉을 줄이는 것을 고려해 볼 수 있습니다. 물론 그런 사람들을 완전히 피하는 것은 불가능할 수도 있고 그렇게 하고 싶지 않을 수도 있습니다. 하지만 최소한 그들과 보내는 시간을 줄이거나, 수치심에 더 취약한 상태일 때는 그들을 만나지 않는 방법을 생각해 볼 수 있습니다(이에 대한 내용은 제4장에서 다룰 예정입니다).

샘의 이야기

샘(Sam)은 자신이 수치심을 느끼는 패턴과 그 감정이 어떤 느낌인지 잘 알고 있다고 생각했다. '나는 받아들여질 수 없는 존재야.' '나는 사랑받을 수 없어.' '나는 실패자야.' 와 같은 생각을 하루라도 하지 않은 날이 없었다. 샘은 이러한 생각들과 다른 사람을 피해 혼자 있고 싶은 충동을 매일매일 인식하는 것처럼 보였다.

그러던 중, 샘의 치료사가 어떤 상황과 경험이 수치심을 불러일으키는지 파악해 보자고 했을 때, 샘은 망설였다. 자신에게 수치심을 유발하는 모든 것에 집중하는 것이 무슨 의미가 있을까? 하지만 치료사가 수치심의 패턴을 이해하는 것이 수치심을 관리하는 방법을 배우는 첫걸음이라고 설명하자, 샘은 한번 시도해 볼 만한 가치가 있다고 생각했다.

처음에는 자신에게 수치심을 유발하는 다양한 요인을 떠올리는 것이 고통스러웠다. 샘은 이 연습을 조금 더 편안하게 하기 위해 중간중간 휴식을 취해야 했다. 그러나 연습을 계속할수록 이전에는 알지 못했던 수치심의 단서와 패턴이 있다는 것을 깨닫게 되었고, 수치심을 불러일으키는 몇 가지 공통된 단서가 있다는 사실을 알게 되었다.

이러한 단서 중 하나는 직장에서 피드백을 받는 것이었다. 샘은 부정적인 피드백을 받으면 (설령 긍정적인 피드백이 함께 주어져도) 항상 가슴이 철렁 내려앉는 기분이 들었고, 피드백을 준 사람과의 상호작용을 피하고 싶은 충동이 들었다. 또한 '나는 바보야.' 혹은 '나는 실패자야.'라는 생각이 떠오르는 경우가 많았다.

이 사실을 깨달은 후, 샘은 직장에서 발생할 수 있는 수치심에 대처하는 방법을 고민했고, 피드백이 있을 것으로 예상되는 날에는 자신을 잘 돌볼 계획을 세웠다.

샘이 깨달은 또 다른 수치심을 경험할 수 있는 고위험 상황은, 어머니와 함께 시간을 보낼 때였다. 샘의 어머니는 자신의 성 정체성을 받아들이지 않았다. 어머니와 시간을 보낼 때마다, '나는 받아들여질 수 없는 존재야.' '나는 사랑받을 수 없어.'라는 생각이 커졌고, 친구들과 어울리기보다는 집에서 혼자 있고 싶어졌다. 이 사실을 깨달은 후, 샘은 수치심을 관리하는 다양한 기술을 더 많이 연습할 때까지 어머니와 함께 보내는 시간을 줄이기로 결심했다. 몇 주 동안 어머니와의 통화와 방문을 제한한 후, 샘은 이전보다 수치심을 느끼는 빈도와 강도가 줄어들었다는 것을 깨달았다.

수치심을 인식하고 식별하기

이제 수치심을 유발하는 상황을 잘 알게 되었으니, 다음 단계에서는 자신이 수치심을 어떻게 느끼는지에 대해 알아보도록 합시다. 수치심을 느끼는 순간을 더 빨리 인식할수록, 이 워크북에서 배운 기술을 활용하여 수치심에 대처하고 관리할 수 있는 시점도 빨라질 것입니다.

제1장에서 기억하겠지만, 모든 감정은 신체적 요소(감정을 경험할 때 몸이 반응하는 방식), 인지적 요소(마음속에 떠오르는 생각들), 그리고 행동적 요소(감정을 경험할 때 나타나는 행동이나 느껴지는 충동)라는 세 가지 구성 요소로 이루어져 있습니다. 수치심의 다양한 구성 요소를 파악하고 각 요소를 더 잘 인식하게 되면, 수치심도 더 빠르게 알아차릴 수 있습니다(Linehan, 1993b, 2015).

다행히도 DBT는 자신의 감정을 인식하고 식별하는 데 유용한 여러 가지 기술을 제공하며, 이는 수치심을 더 잘 인식하고 그것이 몸에서 어떻게 느껴지는지 알아차리는 데 도움을 줄 것입니다. 그중 가장 유용한 기술 중 하나는 경험에 휘말리지 않고, 마음챙김으로 자신의 경험에 온전히 주의를 기울이는 것입니다(Linehan, 1993b, 2015). 즉, 수치심에 사로잡히거나 압도되지 않고, 감정을 밀어내거나 집착하지 않은 채 단순히 알아차리는 것입니다. 수치심과 함께 나타나는 신체적 감각, 생각, 행동 충동에 주의를 기울이며, 이러한 경험이 순간순간 떠오르고 사라지는 것을 단순히 관찰하는 것이 핵심입니다.

먼저, 수치심이 몸에서 어떻게 느껴지는지, 어떤 신체 감각이 있는지 주의를 기울이는 것이 도움이 될 수 있습니다(예: 얼굴에서 열감이 느껴진다거나, 팔다리가 무거운 느낌, 또는 가슴이 답답해지는 느낌 등). 그런 다음, 현재 떠오르는 생각이나 어떤 행동을 하고 싶다는 충동이 있는지 주의를 기울여 보세요. 만약 어떤 특정한 방식으로 행동하고 싶은 충동에 휘말리는 자신을 발견한다면, 부드럽게 다시 몸에서 느껴지는 수치심의 감각으로 주의를 돌려 보세요. 감정의 각 구성 요소를 알아차릴 때는 반드시 객관적이고 중립적인 자세를 유지하는 것이 중요합니다. 각각의 감각, 생각 또는 충동(예: 얼굴에 열이 나는 느낌, 가슴이 답답해지는 느낌, 내가 부족하다는 생각, 숨고 싶은 충동)을 억누르거나 휘말리지 말고 단순히 있는 그대로 관찰하는 것에 집중하세요.

이 기술을 연습하는 방법은 최근에 수치심을 경험했던 순간을 떠올리고, 그 감정이 어떤 느낌이었는지 당시의 느낌 그대로 다시 연결해 보는 것입니다. [연습 3-2]는 그러한 경험에 사로잡히지 않고, 수치심의 구성 요소를 마음챙김으로 알아차리는 단계별 지침을 제공합니다.

연습 3-2 수치심의 다양한 구성 요소를 마음챙김으로 알아차리기

1. 편안하고 조용한 장소를 찾아 앉거나 누워 보세요.
2. 눈을 감아 보세요.
3. 호흡에 집중하세요. 숨을 들이쉬고 내쉴 때 느낌에 주의를 기울이고, 숨을 내쉴 때 몸의 어떤 부위가 움직이는지 알아차리세요.
4. 최근에 수치심을 느꼈던 순간을 떠올려 보세요. 단, 0에서 10까지의 척도에서 4~5점 강도의 수치심을 경험했던 순간을 선택하세요. 0은 아무런 감정이 없는 상태, 10은 가장 강렬한 감정을 의미합니다. 그때의 상황을 떠올리며, 마음속에서 명확한 장면을 그려 보세요.
5. 이제 몸에 주의를 기울이며, 수치심이 어디에서 느껴지는지 살펴보세요. 머리, 목, 어깨, 등, 가슴, 복부, 팔, 손, 다리, 발 등 각 부위에서 느껴지는 감각에 주의를 기울이세요. 각 부위에 약 10초간 집중하면서, 한 걸음 물러서서 감각에 주의를 기울이고 객관적으로 감각을 알아차리는 데만 집중하세요.
6. 몸 전체를 살피는 것을 마쳤다면, 이제 특별히 수치심이 느껴지는 부위에 다시 주의를 집중하세요. 이 감각이 마치 바다에서 파도가 올라오고 내려가는 모습을 지켜보듯 마음속에서 감각의 변화를 관찰하세요.
7. 감각에 휩싸이기 시작하면, 그 사실을 알아차리고 다시 감각을 단순히 '감각'으로 관찰하는 데 집중하세요.
8. 이제 떠오르는 생각들에 주의를 기울이세요. 하지만 그 생각에 사로잡히지 않고 단순히 '생각이 존재하는구나.'라고 알아차리는 데 집중하세요. 만약 생각에 사로잡히고 있다는 것을 알게 되면, 다시 원래의 태도로 돌아와 그저 현재의 생각을 알아차리는 데 주의를 기울이세요.
9. 이번에는 지금 하고 싶은 행동 충동이 있는지 살펴보세요. 행동 충동이 어떻게 생겨났다가 사라지는지를 주목하며, 그 충동이 어떻게 변화하거나 유지되는지 관찰해 보세요.
10. 수치심을 회피하거나 밀어내지 말고, 수치심의 다양한 구성 요소에 계속 집중하세요. 감각, 생각, 행동 충동을 밀어내거나 변화시키려 하지 말고 단순히 알아차리는 데 집중하세요. 이 과정을 약 10분에서 15분 정도 지속하거나, 수치심이 가라앉아 더 이상 느껴지지 않을 때까지 계속하세요.

수치심의 다양한 구성 요소에 대한 인식 높이기

수치심에 사로잡히지 않고 마음챙김으로 주의를 기울이는 연습을 했다면, 이제 수치심의 다양한 구성 요소를 살펴볼 차례입니다. 앞서 언급했듯이, 모든 감정은 신체적·인지적·행동적 세 가지 요소로 이루어져 있습니다. 각 구성 요소를 더 명확히 인식할수록 수치심을 더 쉽게 알아차리고 식별할 수 있게 됩니다.

신체적 구성 요소

감정은 우리 몸 전체가 반응하는 현상이기 때문에, 감정에 수반되는 신체적 감각과 변화는 우리가 감정을 경험하고 있다는 초기 징후 중 하나가 될 수 있습니다. 이러한 감각이 어떻게 느껴지는지는 경험하는 감정에 따라 달라지며, 각 감정은 고유한 신체적 감각과 연관되어 있습니다.

특히 수치심은 다양한 유형의 신체적 감각이 섞여 있는 감정입니다. 다른 감정들은 주로 각성 수준이 증가하거나(예: 분노나 두려움), 각성 상태가 감소하는 경우(예: 슬픔)로 나뉘지만, 수치심은 각성과 활성 상태가 동시에 증가하거나 감소하는 특징을 가지고 있습니다(Nummenmaa et al., 2013). 이는 수치심을 느끼고 있다는 것을 알아차리기가 더 어려울 수 있다는 뜻입니다. 왜냐하면 수치심을 인식하려면 한 번에 더 많은 신체적 감각을 인식해야 하기 때문입니다. 하지만 좋은 소식은 수치심과 함께 나타나는 신체적 감각이 비교적 독특하여 이 감정을 식별하는 것이 가능하다는 점입니다. [연습 3-3]을 통해 수치심과 함께 나타나는 자신의 신체적 감각을 식별해 보세요.

연습 3-3 수치심과 관련된 신체적 감각 식별하기

눈을 감고 수치심이 어떤 느낌인지 집중해 보세요. 수치심이 당신의 몸에서 어떻게 느껴지나요? 수치심과 함께 나타나는 신체적 감각은 무엇인가요? 수치심과 관련된 신체적 감각을 찾아보고, 해당 감각에 체크해 보세요.

- ☐ 가라앉는 듯한 느낌
- ☐ 속이 답답한 느낌
- ☐ 뜨거운 느낌
- ☐ 얼굴이 달아오르는 느낌
- ☐ 속이 울렁거리는 느낌
- ☐ 터널 시야(시야가 좁아지는 느낌)
- ☐ 얼굴이 붉어짐
- ☐ 뜨겁고 붉어진 얼굴
- ☐ 목이 조이는 느낌
- ☐ 숨이 막힐 것 같은 느낌
- ☐ 호흡곤란
- ☐ 가슴이 답답한 느낌
- ☐ 축 처진 어깨
- ☐ 메스꺼움

수치심과 함께 나타나는 신체적 감각 중 앞에서 나열되지 않은 다른 감각이 있나요? 그렇다면 다음 빈칸에 적어 보세요.

인지적 구성 요소

제1장에서 언급했듯이, 수치심을 유발하는 주요 원인 중 하나는 부정적인 자기 판단입니다. 이는 자신을 나쁘거나, 결함이 있거나, 가치가 없거나, 혹은 받아들여질 수 없는 사람으로 평가하는 것을 의미합니다. 모든 감정에는 인지적 요소가 있지만, 수치심에는 다른 감정보다 이 요소가 더 두드러지게 나타납니다. 예를 들어, 두려움은 특별한 생각 없이도 경험될 수 있습니다. 큰 소리나 예상치 못한 소음이 발생했을 때, 그 소리가 무엇을 의미하는지 또는 그것이 위험한지 평가하지 않고도 두려움을 느낄 수 있습니다. 마찬가지로, 사랑하는 반려동물이 귀여운 행동을 할 때, 별다른 생각이나 해석 없이도 기쁨과 사랑의 감정을 느낄 수 있습니다.

하지만 수치심은 다릅니다. 어떤 방식으로든 자신이 결함이 있다거나, 나쁘다거나, 받아들여질 수 없는 존재로 판단하거나 평가하지 않고 수치심을 경험하는 경우는 매우 드뭅니다. 따라서 수치심의 가장 분명한 징후 중 하나이자 많은 사람이 가장 쉽게 알아차릴 수 있는 특징은 이 감정에 수반되는 부정적인 자기 판단입니다. 만약 이런 생각이 든다면, 그 순간 수치심을 경험하고 있을 가능성이 높습니다. 실제로 어떤 사람은 실수를 저지르거나, 다른 사람의 감정을 상하게 하거나, 업무에 실패하거나, 비판을 받을 때 수치심을 느끼는 반면, 다른 사람들은 그렇지 않은 이유는 이러한 생각의 유무와 밀접한 관련이 있습니다. 예를 들어, 실수를 하거나, 누군가의 감정을 상하게 하거나, 과제를 실패하거나, 비판을 받았을 때 자신을 심하게 판단하지 않는다면, 수치심을 느낄 가능성은 훨씬 낮아집니다. 예를 들어, 이런 경험은 안타깝지만 인간이기에 자연스러운 경험이고 이해할 수 있는 일로 받아들인다면, 수치심을 느낄 가능성은 크게 줄어들 것입니다. 반면, 이런 경험을 '나는 가치 없는 사람이다.' 또는 '나는 받아들여질 수 없는 존재다.'라는 의미로 해석한다면, 수치심이 강하게 발생할 수 있습니다.

이러한 이유로 수치심을 느낄 때 어떤 생각과 판단이 나타나는지 파악하는 것은 매우 중요합니다. 이를 통해 수치심을 더 빨리 알아차리고, 다양한 사건과 경험에 대한 해석이 실제로 수치심을 어떻게 증폭하는지 더 잘 이해할 수 있습니다. [연습 3-4]를 통해 자신이 수치심을 느낄 때 떠오르는 구체적인 생각을 파악하는 연습을 해 보세요.

연습 3-4 수치심과 함께 떠오르는 생각 파악하기

자신이 수치심을 느낄 때 떠오르는 생각들을 떠올려 보세요. 수치심을 경험할 때, 어떤 종류의 생각과 해석이 수치심과 함께 나타나나요? 수치심을 경험할 때 특히 자주 떠오르는 특정한 생각이 있나요? 자신에게 해당되는 수치심과 관련된 생각에 체크해 보세요.

- ☐ 자신이나 자신의 정체성에 어떤 문제가 있다고 생각하기
- ☐ 자신의 생각, 감정, 또는 행동에 문제가 있다고 생각하기
- ☐ 자신이 나쁜 사람이라고 생각하기
- ☐ 자신이 충분히 좋은 사람이 아니라고 생각하기
- ☐ 나쁜 일이 생긴 것에 대해 스스로 책임이 있다고 생각하기
- ☐ 자신이 어떤 면에서 결함이 있다고 생각하기
- ☐ 자신이 받아들여질 수 없는 행동을 했다고 생각하기
- ☐ 자신이 어떤 일에서 실패했거나 누군가의 기대에 부응하지 못했다고 생각하기
- ☐ 자신의 감정이나 신념이 어리석거나 바보 같다고 생각하기
- ☐ 자신을 열등하거나, 받아들여질 수 없거나, 부족하다고 판단하기
- ☐ 자신을 어떤 면에서 가치가 없다고 판단하기
- ☐ 자신이 사랑받을 자격이 없는 사람이라고 생각하기
- ☐ 자신이 잘못된 선택을 했다고 생각하기

당신이 수치심을 느낄 때 앞서 언급되지 않은 다른 생각들이 자주 떠오른다면, 다음 빈칸에 적어 주세요.

행동적 구성 요소

감정의 첫 번째 단서로 행동적 요소가 가장 먼저 나타날 때가 있습니다. 이 요소는 수치심을 느낄 때 하고 싶은 일과 실제로 하는 행동을 포함합니다. 신체적 감각이나 마음속에 스쳐 지나가는 자기 판단을 알아차리기 전에 특정 행동을 하고 싶어지는 충동을 느낄 수도 있습니다. 예를 들어, 어떤 사람들은 수치심을 경험할 때 첫 번째로 느끼는 신호가 자해하거나, 자신을 탓하거나, 다른 사람들로부터 숨고 싶은 충동이라고 말합니다. 만약 수치심을 경험할 때 행동적 요소가 가장 먼저 느껴지는 경우라면, 이 감정이 어떤 행동을 하고 싶게 만드는지를 아는 것이 수치심을 더 빨리 알아차리는 데 도움이 될 수 있습니다.

그렇다면 수치심을 느낄 때 무엇을 하고 싶어지는지 생각해 보세요. 어떤 행동 충동을 경험하나요? 특정한 방식으로 행동하고 싶은 충동이 생기나요? 숨고 싶거나 물러서거나 자책하고 싶어지나요? [연습 3-5]를 통해 수치심과 함께 나타나는 당신의 행동 충동을 파악해 보세요.

연습 3-5 수치심과 함께 나타나는 행동 충동 파악하기

수치심을 느낄 때 하고 싶은 말이나 행동에 대해 생각해 보세요. 수치심과 함께 나타나는 행동 충동에는 어떤 것들이 있나요? 수치심이 당신에게 어떤 말을 하거나 행동하고 싶게 만드나요? 다음 목록에서 수치심과 관련된 행동 충동에 모두 체크해 보세요.

- ☐ 숨기
- ☐ 얼굴 가리기
- ☐ 자책하기
- ☐ 자기 비난하기
- ☐ 고개 돌리기
- ☐ 아래를 바라보기
- ☐ 시선 돌리기
- ☐ 자신을 처벌하기
- ☐ 스스로에게 해를 끼치는 행동하기
- ☐ 자신에게 상처가 되는 말을 하기
- ☐ 다른 사람에게 자신의 경험의 일부를 숨기기
- ☐ 눈맞춤 피하기
- ☐ 다른 사람에게 자신의 일부를 숨기기
- ☐ 손으로 머리를 감싸기
- ☐ 물러서기
- ☐ 다른 사람들을 피하기
- ☐ 작게 말하기
- ☐ 과도하게 사과하기
- ☐ 용서를 구하기

수치심과 함께 자주 나타나는 다른 행동 충동이 있나요? 그렇다면 다음 빈칸에 적어 보세요.

이제 수치심과 함께 자주 나타나는 행동 충동을 파악했으니, 다음 단계는 수치심을 느낄 때 실제로 어떤 행동을 하는지 생각해 볼 차례입니다. 수치심을 느낄 때 보통 어떻게 행동하나요? 수치심을 느낄 때 하는 많은 행동이 앞서 언급한 행동 충동과 겹칠 수 있지만, 항상 그런 것은 아닙니다. 예를 들어, 다른 사람을 피하고 싶어도 피하는 것이 불가능한 상황일 수 있습니다. 또는 숨고 싶은 충동이 있지만, 그것이 장기적으로 도움이 되지 않을 것을 알기에 행동으로 옮기지 않을 수도 있습니다. 수치심을 경험할 때 어떤 행동을 하는 경향이 있는지 그리고 그런 행동이 당신의 행동 충동과 어떤 점에서 유사한지 혹은 다른지 확인하는 것은 당신이 수치심이라는 감정을 인식하는 데 도움이 되는 정보를 제공해 줄 것입니다.

더 나아가, 이 연습은 이미 수치심을 다루기 위해 가지고 있는 당신의 강점과 몇 가지 기술을 강조하는 것일 수도 있습니다. 예를 들어, 수치심을 느낄 때 특정 행동 충동을 경험하지만 그 충동을 따르지 않는 경우, 이는 수치심을 관리할 수 있는 기술이 이미 있음을 의미할 수 있습니다. 수치심에 의해 유발된 행동 충동에 따라 행동하지 않는 것은, 수치심이 보내는 일부 메시지를 반박하고, 수치심이 더 악화되지 않도록 도와줄 수 있습니다. 또한 그러한 행동 충동에 따라 행동하지 않는 것은 DBT가 수치심을 다루기 위해 제공하는 가장 유용한 기술 중 하나인 '반대로 행동하기'와 유사합니다(이는 제8장에서 다룰 예정입니다). 이 기술은 행동 충동과 반대로 행동하는 것인데, 단순히 행동 충동에 따라 행동하지 않기로 결정하는 것만으로도 도움이 될 수 있습니다. 따라서 행동 충동과 수치심과 관련된 실제 행동이 매우 유사할 수는 있지만, 이 두 가지 행동 요소를 모두 파악하는 것은 여전히 매우 중요한 일입니다. [연습 3-6]을 통해 수치심을 경험할 때 자신이 실제로 어떤 행동을 하는지 파악해 보세요.

연습 3-6 수치심과 함께 나타나는 행동 파악하기

수치심을 느낄 때 보통 어떤 행동을 하는지 생각해 보세요. 당신은 주로 어떻게 행동하나요? 수치심과 함께 나타나는 행동에 모두 표시해 보세요.

- ☐ 숨기
- ☐ 얼굴 가리기
- ☐ 자책하기
- ☐ 자기 비난하기
- ☐ 고개 돌리기
- ☐ 아래를 바라보기
- ☐ 시선 돌리기
- ☐ 자신을 처벌하기
- ☐ 스스로에게 해를 끼치는 행동하기
- ☐ 자신에게 상처가 되는 말을 하기
- ☐ 다른 사람에게 자신의 경험의 일부를 숨기기
- ☐ 눈맞춤 피하기
- ☐ 다른 사람에게 자신의 일부를 숨기기
- ☐ 손으로 머리를 감싸기
- ☐ 물러서기
- ☐ 다른 사람들을 피하기
- ☐ 작게 말하기
- ☐ 과도하게 사과하기
- ☐ 용서를 구하기

수치심을 느낄 때 자주 하는 다른 행동들이 있나요? 그렇다면 다음 빈칸에 적어 보세요.

이제 이 연습을 완료했으니, 수치심에 대한 개인적인 경험과 그것이 자신에게 어떤 느낌을 주는지에 대해 잠시 생각해 보세요. 수치심은 당신의 몸에서 어떻게 느껴지나요? 수치심과 함께 떠오르는 생각은 어떤 것들이 있나요? 수치심과 함께 떠오르는 생각들은 무엇인가요? 수치심과 관련된 행동 충동을 모두 실제로 행동으로 옮기나요, 아니면 절대 행동하지 않거나 거의 행동으로 옮기지 않나요?

이 연습을 통해 배운 것들을 되돌아보세요. 다음에 수치심을 경험할 때 이를 더 잘 인식하는 데 도움이 될 것입니다.

수치심을 느끼는 순간 인식하기

이제 수치심의 다양한 구성 요소에 대해 더 잘 이해하게 되었으니, 수치심을 경험할 때 이를 더 빨리 인식하는 데 집중할 시간입니다. 과거에 수치심을 겪었던 경험을 돌이켜 보면 자신이 수치심을 어떻게 느끼는지에 대한 정보를 많이 얻을 수 있지만, 과거에는 여기서 살펴본 수치심의 세 가지 구성 요소를 모두 주의 깊게 살펴보지 못했거나, 일부 경험을 잊어버렸을 수도 있습니다. 수치심을 순간적으로 더 잘 인식하고 더 빨리 알아차리는 가장 효과적인 방법 중 하나는 수치심이 발생하는 순간에 그것을 관찰하는 것입니다. 이 과정은 수치심과 관련된 신체 감각, 생각, 행동 충동, 그리고 행동을 더 잘 인식하게 도와줍니다. 이제 수치심의 세 가지 구성 요소에 대해 배우고, 그 감정이 자신에게 어떤 방식으로 나타나는지 더 잘 알게 되었으므로, 지금 이 연습을 하면 수치심이 일어날 때 각 구성 요소를 더 효과적으로 인식할 수 있을 것입니다.

[연습 3-7]은 매일 수치심을 관찰하는 데 도움을 줄 것입니다. 수치심을 느낄 때마다 사용할 수 있도록 이 활동지를 여러 장 출력해 두는 것이 좋습니다. 활동지 상단에 날짜와 시간을 기록한 후, 수치심을 유발한 상황을 파악해 보세요. DBT 기술 중 하나인 비판단적으로 경험에 이름 붙이기 기술(Linehan, 1993b, 2015)을 사용하여 상황을 판단 없이 일어난 사실 그대로 묘사해 보세요. 이 기술에 대해서는 제5장에서 더 자세히 배울 수 있습니다. 다음으로, 수치심과 관련된 신체적 감각, 생각, 행동 충동을 파악해 보세요. 각 경험을 알아차리는 데 주의를 기울이고, 관찰한 모든 것을 기록해 두세요. 마지막으로, 수치심에 대응하기 위해 당신이 취한 행동이나 조치를 적어 보세요.

[연습 3-7] 활동지를 매일 가지고 다니면서, 수치심을 느끼는 즉시 작성하세요. 그 순간에 수치심을 관찰하면, 수치심의 패턴과 이 감정이 자신에게 어떤 방식으로 영향을 미치는지에 대한 유용한 정보를 얻을 수 있습니다.

연습 3-7 수치심 관찰하기

요일 및 시간:

상황:

신체 감각	생각	행동 충동	행동

앞으로 나아가기

이 장의 목표는 수치심에 대한 경험과 그 패턴을 더 잘 인식하도록 돕는 것이었습니다. 감정을 효과적으로 다루기 위해서는 그 감정을 경험하는 순간 인식할 수 있어야 합니다. 자신이 감정을 경험하고 있다는 사실을 인식하지 못하거나 어떤 감정을 경험하는지 모르면, 그 감정에 적절히 대처하기 어렵습니다. 수치심의 패턴을 이해하고 수치심이 일어날 때 이를 더 잘 인식하는 것은 이 워크북의 나머지 부분에서 배우게 될 기술을 통해 수치심을 효과적으로 관리하는 데 중요한 기반이 될 것입니다. 인생에서 마주하는 많은 도전과 마찬가지로, 수치심을 해결하려면 수치심을 이해하고 알아차리는 과정이 필요합니다. 따라서 이 워크북의 다음 장으로 넘어가면서, 수치심에 대처하고 줄이는 데 유용한 다른 DBT 기술들에 대해 자세히 알아보게 될 텐데, 이 장에서 배운 기술을 꾸준히 연습하여 수치심에 대한 인식과 이해를 더욱 높여 가기를 권합니다.

이제 수치심 패턴을 더 잘 이해하게 되었으므로, 수치심을 관리하고 대처하는 기술을 알아볼 차례입니다. 다음 장에서는 강렬한 수치심에 대한 취약성을 줄이기 위한 기술을 다룹니다. 이러한 기술은 수치심을 덜 자주 느끼고 덜 강렬하게 느끼도록 도와주며, 수치심이 발생했을 때 더 잘 대처할 수 있도록 도와줄 것입니다.

제4장
강렬한 수치심에 대한 취약성 줄이기

자기 자신 돌보기

긍정적인 경험 늘리기

앞으로 나아가기

이제 수치심이 무엇인지, 어떤 느낌인지, 그리고 수치심을 유발하는 경험들이 무엇인지에 대해 더 잘 이해하게 되었으니, 수치심에 맞서 싸울 수 있는 구체적인 기술에 초점을 맞출 차례입니다. 수치심을 강하게 느끼지 않는 삶을 상상하기 어려울 수 있지만, DBT에는 수치심을 줄이고 그것이 당신의 삶에 미치는 영향력을 덜어 주는 데 매우 효과적인 강력한 기술이 몇 가지 포함되어 있습니다. 실제로 DBT의 장점 중 하나는 감정이 발생하기 전부터 감정이 매우 강하게 느껴질 때까지 다양한 단계마다 그 단계에 맞게 감정을 조절하는 기술을 제공한다는 점입니다. 이렇게 여러 단계에 따라 배우는 기술을 적용할 기회가 많아질수록 당신은 수치심에서 벗어날 가능성이 더 커집니다.

수치심이 강하게 느껴지기 전에 감정 처리 과정의 가장 초기 단계부터 시작하는 것이 가장 좋은 출발점이라는 사실은 어쩌면 당연한 이야기일 것입니다. 따라서 이 장에서는 강렬한 수치심 경험을 하게 하는 취약성을 줄이는 데 도움이 되는 DBT 기술에 초점을 맞춥니다. 이러한 기술은 수치심을 경험하는 빈도와 강도를 줄이는 데 도움을 주며, 수치심이 발생했을 때 이를 더 쉽게 관리할 수 있도록 도와줍니다.

자기 자신 돌보기

강렬한 감정에 대한 취약성을 줄이기 위한 첫 번째 DBT 기술은 자신과 자신의 몸을 돌보는 것입니다. 이 기술의 기본 개념은 다음과 같습니다. 신체적으로 자신을 잘 돌보는 것이 감정을 효과적으로 관리할 수 있도록 도와주며, 전반적으로 감정도 덜 강렬하게 느껴지게 할 수 있습니다. 몸이 아프거나 자신을 제대로 돌보지 못했던 순간들을 떠올려 보세요. 감기에 걸리거나, 너무 바빠서 제대로 식사를 하지 못했거나, 며칠 동안 충분히 잠을 자지 못한 경험이 있을 것입니다. 그 당시의 감정 상태를 생각해 보세요. 예민하거나 불안하지는 않았나요? 평소보다 감정이 더 압도적으로 느껴지지는 않았나요? 눈물이 날 것 같거나 이불 속에 숨고 싶었던 기분이 들었던 적은 없었나요? 몸을 제대로 돌보지 않으면 감정은 훨씬 더 압도적으로 느껴지고, 관리하기도 어려워집니다. 반대로, 몸을 돌보면 감정을 관리할 수 있는 자원이 더 많아집니다. 따라서 고통스러운 감정을 관리하고 싶을 때 가장 좋은 출발점은, 감정을 잘 관리할 수 있는 최상의 상태를 만들기 위해 몸을 돌보는 데 최선을 다하는 것입니다. 이를 통해 감정을 관리하기에 가장 적합한 상태를 만들 수 있습니다.

신체를 돌보는 것은 강렬한 수치심을 느낄 때 특히 효과적입니다. 자기 돌봄은 기본적으로 수치심이 우리에게 하라고 하는 것의 정반대입니다. 앞서 제3장에서 언급했듯이, 수치심은 종종 자신을 소홀히 여기게 하거나, 스스로를 비난하거나, 자신을 벌하고 싶게 만듭니다. 이러한 행동은 모두 자기 돌봄과는 반대되는 행동입니다. 따라서 자신의 몸을 돌보는 행동은 자신이 보살핌과 연민을 받을 가치가 있는 존재임을 일깨워 주므로, 수치심에 맞서는 데 도움을 줄 수 있습니다. 수치심을 줄이기 위해 사용하는 정서 조절 기술 중 '반대로 행동하기'를 사용하는 방법에 대해 제8장에서 더 자세히 다룰 예정이지만, 지금 알아야 할 것은 수치심을 극복하는 가장 효과적인 방법 중 하나는 수치심이 요구하는 행동과 정반대의 행동을 실천하는 것이라는 점입니다. 이 기술들을 새로운 방식으로 자신을 대하는 로드맵으로 생각해 보세요. 수치심이 뭐라고 말하든, 당신은 돌봄과 연민을 받을 충분한 자격이 있다는 것을 배우기 시작하는 과정이 될 것입니다.

질병 관리하기

자신을 돌보는 방법 중 하나는 질병을 예방하기 위해 할 수 있는 일을 하고, 질병이 발생했을 때 신속히 대처하는 것입니다(Linehan, 1993b, 2015). 질병은 신체에 큰 부담을 주며, 감정을 다루는 것을 더욱 어렵게 만듭니다. 몸이 아플 때, 신체는 질병과 싸우기 위해 모든 가용 자원을 동원하는 경향이 있습니다. 이는 몸이 회복하는 데는 도움이 되지만, 고통스러운 감정을 관리하기 위한 자원은 거의 남지 않게 됩니다. 특히 수치심과 같은 강렬하고 고통스러운 감정을 다루기 위해서는 가능한 한 많은 자원을 활용할 수 있는 상태를 유지하는 것이 매우 중요합니다.

따라서 몸이 아프거나 안 좋다는 느낌이 들 때는 자신을 돌보는 것이 매우 중요합니다. 만약 아프다고 생각되면 병원에 가서 필요한 치료를 받으세요. 신체적 질병이나 정신건강 문제로 약을 처방받았다면, 처방대로 정확히 복용하세요. 만약 신체적인 질병으로 고생하고 있다면, 충분한 휴식을 취하고 자신의 몸에 더 많은 관심을 기울이세요. 충분한 수면을 취하고 수분을 많이 섭취하세요. 하루 정도 일을 쉬거나 집안일을 잠시 내려놓고 휴식을 취하세요. 기본적으로 질병을 치료하고 건강을 회복하기 위해 할 수 있는 모든 조치를 취하세요. 신체적으로 건강해지면 수치심을 효과적으로 다룰 수 있는 더 좋은 상태가 될 것입니다.

건강한 식단으로 몸을 돌보기

몸을 돌보는 또 다른 방법은 신체가 최상의 기능을 발휘할 수 있도록 필요한 영양소가 가득한 건강한 식사를 통해 영양을 공급하는 것입니다(Linehan, 1993b, 2015). 이는 영양이 풍부한 과일, 채소, 통곡물, 단백질이 충분히 포함된 균형 잡힌 식사를 하는 것을 의미합니다. 이러한 식품군은 수치심에 대한 취약성을 줄이고, 수치심이 발생했을 때 이를 효과적으로 관리하는 데 필요한 영양소를 제공합니다. 영양가 있는 음식은 감정 조절에 필요한 연료와도 같습니다.

건강한 식단을 유지하기 위해 중요한 것은 몸에 필요로 하는 영양소가 제공되는지 확인하는 것입니다. 그렇다고 해서 당신이 좋아하는 패스트푸드(정크푸드)나 (약간 죄책감을 느끼게 하는) 즐겨 먹는 음식을 전부 포기해야 하는 것은 아닙니다. 가끔은 위로가 되는 음식을 먹거나, 좋아하는 간식을 즐기는 것도 전혀 문제가 되지 않습니다. 사실 이러한 음식을 섭취할 때 DBT의 마음챙김 기술인 비판단적 태도로 음식을 관찰하거나 참여한다면, 이는 수치심과 관련된 충동에 반대되는 행동을 실천하여 자신을 돌보거나 위로하는 또 다른 방법이 될 수 있습니다. 다만, 매일 영양이 풍부한 음식을 골고루 섭취하는 것은 잊지 마세요!

충분한 양질의 수면을 취하기

우리 몸은 최상의 상태로 기능하기 위해 영양소가 필요한 것처럼, 충분한 수면도 필요합니다(Linehan, 1993b, 2015). 수면이 건강을 유지하는 데 어떤 방식으로 기여하는지는 여전히 논쟁의 여지가 있지만, 수면은 우리의 뇌와 몸이 하루 동안의 활동에서 회복하도록 돕는 것으로 보입니다. 충분하고 양질의 수면을 취하면, 다음 날의 기복에 잘 대처할 수 있는 자원과 에너지를 확보할 가능성이 높아집니다. 반면, 어떤 식으로든 수면이 방해받는 경우에는 수치심을 포함한 감정을 조절하는 데 어려움을 겪을 수 있습니다. 특히 잠자리에 들었을 때 반추하거나 걱정하는 경향이 있다면 충분한 수면을 취하는 것이 쉽지 않을 수 있습니다. 하지만 수면의 질을 향상시킬 수 있는 다양한 방법이 존재합니다(Bourne, 1995; Epstein et al., 2009; Linehan, 2015).

수면 시간대를 파악하세요. 수면의 질을 향상시키는 첫 번째 단계는 자신의 '수면 시간대'를 파악하는 것입니다. 수면 시간대란, 당신이 가장 깊고 회복적인 잠을 잘 수 있는 시간을 의미합니다. 만약 당신이 올빼미형이라면 자정부터 아침 8시까지가 적합할 수 있으며, 아침형 인간이라면 밤 9시에서 새벽 5시까지가 맞을 수 있습니다. 자신의 생체 리듬(circadian rhythm)에 맞는 시간대에 잠을 자면 가장 효과적인 수면을 취할 가능성이 높아집니다. 만약 언제 가장 좋은 수면을 취할 수 있을지 모르겠다면, 1~2주 동안 언제 잠자리에 들고 일어나는지 기록하고, 매일의 기분과 에너지 수준도 함께 적어 보세요. 이렇게 하면 어떤 특정 시간대에 잠을 잔 다음 날 더 활기차고 기분이 좋은 날이 있다는 것을 알게 될 수 있습니다(예를 들어, 밤 11시에 잠들고 아침 7시에 일어났을 때).

규칙적인 수면 시간을 유지하세요. 수면 시간을 파악했다면 매일 밤 비슷한 시간에 잠자리에 들고 매일 같은 시간에 일어나는 것을 실천하는 것이 중요합니다. 특히 매일 아침 동일한 시간에 일어나는 것이 가장 중요합니다. 이렇게 하면, 몸이 낮 동안 충분한 '수면 욕구'를 생성하여 밤에 잠자리에 들 시간이 되면 졸리게 됩니다. 매일 밤 같은 시간에 잠자리에 드는 것을 목표로 하되, 졸릴 때까지 기다렸다가 잠이 드는 것이 가장 효과적입니다. 졸리지 않은 상태에서 억지로 잠을 자려고 하면 오히려 수면에 부정적인 영향을 미칠 수 있습니다. 이러한 규칙적인 수면 일정을 유지하면 신체가 자연스럽게 리듬에 적응하고, 언제 자고 일어나야 하는지 알게 됩니다. 이는 결국 더 건강한 수면 습관을 형성하는 데 도움이 됩니다. 몸이 이 새로운 수면 패턴에 적응하려면 약간의 시간이 걸릴 수 있으므로 낮잠은 가능한 한 피하는 것이 좋습니다. 낮잠을 자면 밤에 잠들기 훨씬 더 어려워질 수 있습니다. 또한 이 과정에서 스스로에게 인내심을 가지는 것이 무엇보다 중요합니다. 하룻밤 사이에 수면 패턴이 바뀔 것이라고 기대하지 마세요. 좋은 소식은, 자신에게 인내심을 가지는 과정 또한 수치심과 같은 감정적 행동 충동에 반대되는 행동을 실천하는 또 하나의 기회가 된다는 것입니다. 따라서 이 과정은 이러한 기술을 연습할 수 있는 기회로 활용될 수 있습니다.

식사 시간을 관리하세요. 마지막 식사는 잠자리에 들기 몇 시간 전에 하세요. 배가 고픈 상태로 잠자리에 드는 것도 도움이 되지 않지만, 잠들기 바로 직전에 음식을 섭취하는 것도 좋지 않습니다. 잠자리에 들기 전, 몸이 음식을 충분히 소화할 시간을 주는 것이 중요합니다.

운동 루틴을 조절하세요. 잠자리에 들기 전 6시간 이내에는 격렬한 운동을 피하는 것이 중요합니다. 격렬한 운동은 에너지와 각성을 높여 잠드는 데 방해가 될 수 있습니다. 따라서 운동은 아침이나 오후에 하는 것이 가장 좋습니다. 하지만 저녁에 간단한 산책이나 가벼운 운동 정도는 괜찮습니다. 주로 격렬한 운동을 주의해야 합니다.

낮에는 카페인 섭취를 제한하고 밤에는 카페인 섭취를 피하세요. 여기에는 초콜릿처럼 카페인이 함유된 음식도 포함됩니다. 카페인은 수면을 방해할 뿐만 아니라, 체내에서 배출되는 데 예상보다 오랜 시간이 걸립니다. 실제로 커피 한 잔에 들어 있는 카페인의 절반을 처리하는 데만 5~6시간이 소요될 수 있습니다. 만약 밤에 잠들기 어렵거나 카페인에 민감하다면, 카페인을 완전히 끊어 보고 그것이 수면에 도움이 되는지 확인해 보는 것도 좋습니다.

니코틴과 알코올 섭취를 제한하세요. 낮 시간 동안, 특히 취침 시간 전에는 이러한 물질의 사용을 줄이는 것이 도움이 될 수 있습니다. 니코틴과 알코올이 실제로 각성 상태를 증가시키고 수면에 방해가 될 수 있다는 사실에 놀랄 수 있습니다. 어떤 사람들은 담배를 피우거나 술을 마시는 것이 긴장을 완화하는 데 도움이 된다고 생각할 수 있지만, 실제로 몸에 미치는 영향은 그 반대입니다. 니코틴은 자극제이며, 알코올은 심박수를 높이고 전반적인 각성을 증가시킵니다. 또한 알코올은 신체가 필요로 하는 깊은 수면 단계인 서파수면(slow-wave sleep)을 방해할 수 있습니다. 이처럼 흡연과 음주는 수면에 방해가 되어 잠들기 어렵게 하고, 숙면에도 부정적인 영향을 줄 수 있습니다.

침실을 최대한 편안하고 아늑한 공간으로 만드세요. 뇌가 침실을 휴식과 수면을 위한 장소로 인식하도록 하는 것이 중요합니다. 잠자리에 들 때는 방 온도를 서늘하게 유지하고, 어둡고 조용한 환경을 조성하는 것이 좋습니다. 또한 주의를 산만하게 하거나 스트레스를 유발할 수 있는 요소를 최소화하는 것이 효과적입니다. 예를 들어, 텔레비전, 스마트폰, 컴퓨터와 같은 기기를 침실에서 치워서 이 공간을 오로지 잠을 자는 장소로 인식하도록 만들어 보세요. 실제로, 저자 중 한 명은 밤에 스마트폰을 침실에 두지 않기 위해 구형 아날로그 알람 시계를 사용하고 있습니다. 또한 침실에서는 일을 하지 않도록 하세요. 만약 다른 사람과 공간을 공유하거나 침실이 업무공간으로도 사용되고 있다면, 침대에서 작업하지 않도록 방을 두 개의 구역으로 나누는 것을 고려해 보세요. 예를 들어, 매우 부드러운 침대 시트나 따뜻하고 포근한 담요를 사용하고, 침대에 여분의 베개를 추가하여 자신에게 가장 편안한 상태를 만들어 보세요. 침대를 아늑하고 편안하게 만드는 것은 자신을 소중히 여기고 돌보는 또 다른 방법이 될 수 있습니다.

억지로 잠들려고 노력하는 것은 효과가 없다는 것을 기억하세요. 만약 수면이 그렇게 쉬운 일이었다면, 이를 개선하기 위한 다양한 방법이 필요하지 않았을 것입니다! 수면은 우리가 완전히 통제할 수 없는 영역이기 때문에, 수면의 질을 향상시키는 데는 시간이 걸린다는 사실을 받아들이는 것이 매우 중요합니다. 따라서 여기서 제안하는 모든 방법을 시도하더라도, 특히 수면 루틴을 바꾸기 시작한 초반에는 여전히 밤에 잠드는데 어려움을 느낄 가능성이 있습니다. 중요한 것은 인내심을 가지고, 잠이 오지 않는다고 자책하지 않는 것입니다. 만약, 침대에 누운 지 20~30분이 지난 후에도 여전히 잠들지 못한다면, 일어나서 명상이나 독서처럼 조용하고 편안한 활동을 해 보는 것이 좋습니다. 이때 가장 중요한 것은 졸음이 찾아오면 바로 잠자리에 드는 것이므로, 언제든지 중단할 수 있는 차분하고 편안한 활동을 선택하세요.

이러한 변화를 시작할 때, 더 건강한 수면 패턴을 만드는 것은 시간이 필요한 과정이라는 점을 기억하세요. 수면 습관을 바꾸는 것은 하루아침에 이루어지지 않으므로, 즉각적인 개선이 나타나지 않더라고 실망하지 마세요. 중요한 것은 변화를 실천하려는 의지를 가지고, 이 과정을 통해 스스로에게 인내심을 가지는 것입니다.

규칙적으로 운동하기

이 내용은 아마도 놀랍지 않을 것입니다. 규칙적으로 운동하는 것은 수치심과 같은 강렬한 감정에 대한 취약성을 줄이는 데 매우 효과적인 방법 중 하나입니다(Linehan, 1993b, 2015). 규칙적인 운동은 단순히 몸을 강하게 하는 데 그치지 않고, 자신에 대한 긍정적인 감정을 키우며, 자신감과 자기 존중감을 향상시킵니다. 이 모든 것이 수치심에 대한 신호를 잘 관리할 수 있도록 도와주며, 특히 수치심에 대한 취약성을 줄이는 데 중요한 역할을 합니다. 자신에 대한 긍정적인 감정이 많아질수록, 수치심에 대처하는 것이 훨씬 더 수월해질 것입니다.

그렇다면 우리가 말하는 규칙적인 운동이란 무엇일까요? 핵심은 일주일에 최소 다섯 번, 하루 약 30분 정도의 적당한 강도의 신체 활동을 실천하는 것입니다. 좋은 소식은, 이러한 신체 활동이 다양한 방식으로 이루어질 수 있어서 운동을 일상생활에 통합하는 방법이 많다는 것입니다. 중요한 것은 어떤 활동이든 심박수를 올려야 한다는 점입니다. 그 외에는 상당한 유연성을 발휘할 수 있습니다. 일부 사람들은 일주일에 몇 번 헬스장에 가거나 운동 수업에 참여하는 것이 효과적이라고 생각하는 반면, 어떤 사람들은 하루 중 어느 때든 적당한 신체 활동을 추가하여 운동을 일상에 자연스럽게 통합하는 것이 더 적합하다고 느낄 수 있습니다. 예를 들어, 상점이나 식당에 갈 때 입구에서 최대한 멀리 떨어진 곳에 주차하여 걷기를 하거나, 여러 층 건물에 거주하거나 근무하는 경우 가능하면 엘리베이터 대신 계단을 이용하는 것도 좋은 방법입니다. 가능하다면, 운전 대신 걷거나 자전거를 타고 출퇴근하는 것도 고려해 볼 만합니다. 집안일을 할 때는 진공청소기를 힘차게 사용하거나 손으로 바닥을 닦는 등 신체 활동량을 늘릴 수 있는 방식으로 해 보세요.

특히 강렬한 수치심에 대한 취약성을 줄이기 위해서는, 수치심을 유발하는 행동과 반대되는 형태의 운동을 선택하는 것이 도움이 될 수 있습니다. 수치심은 종종 다른 사람들로부터 숨고 싶거나 그들을 피하고 싶게 만들기 때문에, 도움이 될 수 있는 운동은 친구와 산책 약속을 정하거나, 운동 모임이나 댄스 수업에 참여하거나, 팀 스포츠에 참가하는 것입니다. 이런 활동들은 다른 사람들과 교류하고 그들로부터 지지를 받을 수 있게 해 줍니다.

알코올과 약물 제한하기

알코올과 약물은 신체에 상당한 영향을 미치며, 각성 수준, 심박수 및 전반적인 기능에 영향을 미칩니다. 더불어 이들은 신체의 에너지를 소모시켜 수치심을 관리하거나 수치심 단서에 효과적으로 대응할 수 있는 자원을 감소시킬 수 있습니다. 뿐만 아니라, 단기적으로는 고통스러운 감정을 완화하는 데 도움을 줄 수 있지만, 장기적으로는 고통을 증가시키고 감정을 조절하기 더욱 어렵게 만들어 강렬한 감정에 대한 취약성을 높이는 경향이 있습니다. 마지막으로, 이러한 물질들은 억제력을 약화시켜 충동적인 행동을 증가시키고, 갈등을 심화시키며, 판단력을 저하시킬 수 있습니다. 이 모든 것이 수치심을 증가시킵니다. 특히 취한 상태에서 행동한 것을 후회하게 되면, 수치심이 더욱 커질 수 있습니다. 이러한 이유로, 알코올과 약물의 섭취를 줄이는 것은 강렬한 수치심에 대한 취약성을 줄이는 데 효과적인 방법이 될 수 있습니다(Linehan, 1993b, 2015).

엘리자베스의 이야기

엘리자베스(Elizabeth)는 또다시 끔찍한 기분이 들었다. 너무 지치고 피곤해서 감기가 오는 것을 느꼈고, 자신에게 더 비판적이 되어 사소한 실수나 단순히 살아 있는 이유만으로도 끊임없이 자신을 자책하고 있다는 것을 알았다. 몸이 좋지 않을 때는, 이러한 부정적인 패턴과 맞서 싸울 힘조차 남아 있지 않다는 느낌이었다.

그 순간, 자신이 돌봄과 연민을 받을 자격이 없다고 느꼈지만, 자신이 돌봄을 받을 자격이 있다고 생각하고 스스로를 돌보기 위한 조치를 취하기로 결심했다. 우선 일찍 잠자리에 들어 충분한 수면을 취하기로 결심했다. 다음 날 아침에 일어났을 때, 그녀는 기분이 조금 나아지고 감정도 한결 차분해진 것을 느꼈다. 다음으로, 몸을 건강하게 돌보고 감기를 이겨 내기 위해 영양가 있고 따뜻한 식사로 하루를 시작하기로 했다. 과일샐러드를 넉넉히 만들고, 따뜻한 오트밀 한 그릇과 비타민C가 풍부한 주스를 한 잔 준비했다. 퇴근 후 집에 돌아와서는 가장 좋아하는 파스타를 만들어 먹었고, 일찍 잠자리에 들었다.

다음 날 아침, 변화가 느껴지기 시작했다. 피로가 덜했고, 압도당하는 느낌도 조금 완화되었다. 또한 그녀는 자기 비판적인 생각에 갇히기보다는 한 걸음 물러서서 바라보기가 조금 더 쉬워졌다는 것을 알았다. 이러한 경험을 통해 그녀는 수치심이라는 감정을 보다 쉽게 다루기 위해서 비록 내키지 않는 순간이 오더라도 꾸준히 자신을 돌보기로 결심했다.

이제 신체적으로 자신을 돌보는 데 사용할 수 있는 다양한 기술에 대해 배웠으니, [연습 4-1]을 활용하여 더 효과적인 신체 관리를 통해 수치심에 대한 취약성을 줄일 수 있는 방법을 찾아보세요.

연습 4-1 신체 관리를 통해 강렬한 수치심에 대한 취약성 줄이기

자신의 몸을 얼마나 잘 돌보고 있나요? 이 연습의 목표는 신체 건강과 자기 관리 능력을 향상할 수 있는 방법을 찾는 것입니다. 만약 이미 이런 활동을 실천하고 있다면, 자신의 몸을 사랑하고 돌보는 자신을 칭찬하는 시간을 가져 보세요. 이러한 행동은 수치심을 극복하고, 스스로가 충분히 돌봄을 받을 자격이 있다는 것을 스스로에게 가르치는 훌륭한 방법입니다.

만약 이러한 활동을 하고 있지 않거나, 자신을 더 잘 돌보기 위해 추가적으로 할 수 있는 일이 있다면, 신체 건강을 향상시키기 위해 시도할 수 있는 구체적인 행동을 생각해 보세요. 각 영역에서 자신을 더 잘 돌보기 위한 세 가지 구체적인 행동을 정해 보세요. 이러한 과정을 통해, 수치심을 유발하는 단서를 더 잘 관리하고 수치심을 줄이는 최상의 상태에 이를 수 있습니다.

활동	선택	건강을 위해 실천할 수 있는 방법
정기 검진을 받기 위해 병원에 가나요?	예 | 아니요	1. 2. 3.
몸이 아플 때 병원에 가나요?	예 | 아니요	1. 2. 3.
처방받은 약을 규칙적으로 복용하나요?	예 | 아니요	1. 2. 3.
과일, 채소, 통곡물, 단백질을 섭취하나요?	예 | 아니요	1. 2. 3.
매일 영양가 있는 음식을 식단에 포함하려고 노력하나요?	예 | 아니요	1. 2. 3.

패스트푸드와 단 음식을 제한하나요?	예 | 아니요	1. 2. 3.
하루에 7~9시간 이상 수면을 유지하나요?	예 | 아니요	1. 2. 3.
규칙적인 수면 패턴을 유지하나요?	예 | 아니요	1. 2. 3.
침실이 아늑하고 편안한가요?	예 | 아니요	1. 2. 3.
매일 어떤 형태로든 운동을 하나요?	예 | 아니요	1. 2. 3.
주 5일, 최소 30분 이상 운동을 하나요?	예 | 아니요	1. 2. 3.
알코올 섭취를 제한하고 있나요?	예 | 아니요	1. 2. 3.
약물 사용을 제한하고 있나요?	예 | 아니요	1. 2. 3.

긍정적인 경험 늘리기

강렬한 수치심에 대한 취약성을 줄이는 데 특히 도움이 되는 기술 중 하나는 삶에서 더 많은 긍정적인 경험을 하고, 그로 인해 더 많은 긍정적인 감정을 느끼고, 전반적으로 더 나은 기분을 느끼도록 하는 것입니다. 이 기술의 핵심은, 삶에서 긍정적인 경험이 많을수록 수치심과 같은 강렬한 부정적 감정에 더 잘 대처할 수 있는 상태가 된다는 것입니다. 일반적으로, 삶에서 부정적인 감정뿐만 아니라 긍정적인 감정도 함께 경험할 때, 강렬한 부정적인 감정을 더 쉽게 관리할 수 있습니다. 삶이 즐겁고 의미 있을 때, 그리고 긍정적인 감정을 더 많이 경험할 때, 고통스러운 감정이 찾아와도 이를 대처할 수 있는 심리적 자원이 더 많아지게 됩니다.

또한 앞서 소개한 첫 번째 기술과 마찬가지로, 삶에 긍정적인 경험을 더 많이 추가하는 것은 수치심을 효과적으로 극복하는 데 추가적인 이점을 제공합니다. 이는 자신이 긍정적인 것을 누릴 자격이 있음을 깨닫게 해 주기 때문입니다. 앞서 언급했듯이, 수치심은 사람들이 자신의 결함이 있거나, 잘못된 사람이거나, 혹은 스스로를 가치 없는 존재라고 느낄 때 자주 나타납니다. 따라서 수치심은 자신이 인생에서 어떤 긍정적인 경험을 누릴 자격이 없으며, 재미있거나 즐겁거나 기분 좋은 일을 할 자격이 없다는 메시지를 전달할 수 있습니다. 이러한 이유로 수치심은 단순히 고통스러운 감정에 그치지 않고, 사람들을 무기력하게 만들기도 합니다. 수치심은 삶에서 기쁨을 앗아 가고, 자신이 긍정적인 경험도 누릴 자격이 없다고 느끼게 합니다. 이것이 수치심이 주는 가장 고통스러운 측면 중 하나이지만, 긍정적인 경험을 삶에 통합하여 이러한 메시지에 반박하고 수치심에 맞서 싸울 수 있습니다. 비록 긍정적인 경험을 누릴 자격이 없다고 느낄지라도, 의도적으로 이런 경험을 늘려 갈 수 있으며, 이를 통해 얻는 긍정적인 효과를 경험할 수 있습니다. 매일 긍정적인 경험을 늘려 가는 것은 스스로에게 이러한 경험을 해도 괜찮다는 것을 스스로에게 가르쳐 주며, 시간이 지나면서 결국 자신이 이러한 경험을 충분히 누릴 자격이 있다는 것을 배울 수 있습니다. 이러한 변화는 강렬한 수치심에 대한 취약성을 점차 줄이는 데 도움이 될 수 있습니다.

따라서 수치심과 관련된 생각에서 벗어나기가 어렵고, 자신이 긍정적인 것을 받을 자격이 있다라는 사실을 받아들이기 힘들더라도, 이러한 기술들을 활용하여 삶에 더 많은 긍정적인 경험을 포함해 보세요. 시간이 지나면서 긍정적인 경험을 늘려 가면, 수치심이 보내는 부정적인 메시지를 반박하는 데 도움이 되며, 수치심에 대한 취약성을 줄일 수 있습니다. 이 기술들은 기본적으로 긍정적인 경험을 삶에 포함할 수 있게 하고, 그로 인해 느낄 수 있는 긍정적인 감정과 진정으로 연결되게 합니다. 이를 수치심을 관리하기 위한 처방전이라고 생각해 보세요. 우리는 의사로서 당신이 즐겁고, 재미있고, 의미 있는, 그리고 전반적으로 긍정적인 경험을 삶에 통합하기 시작하라고 권하고 있습니다.

삶에서 긍정적인 경험을 늘리는 것은 크게 세 가지 유형의 활동으로 나눌 수 있습니다. 즐거운 활동, 숙달감을 주는 활동, 그리고 의미 있는 활동입니다. 각 활동에 대해 차례로 살펴보겠습니다.

즐거운 활동 찾아보기

첫 번째 활동은 비교적 단순합니다. 바로 재미있고, 즐겁고, 기분 좋은 활동입니다. 이러한 활동은 반려동물과 포옹하기, 일몰 감상하기, 따뜻한 날씨에 야외에 앉아 있기와 같은 사소한 일상적인 활동부터, 여행하기, 친구들과 외출하기, 하이킹 하기와 같은 더 복잡하고 시간이 많이 필요한 활동까지 포함됩니다. 즐거운 활동을 삶에 더 많이 추가하려면 먼저, 자신이 어떤 활동을 좋아하는지 파악하는 것이 중요합니다. 이 과정은 단순해 보일 수 있지만, 사실 매우 중요한 단계입니다. 만약 수치심이 자신을 위한 좋은 일을 하는 것을 방해하거나, 스스로 즐거움과 기쁨을 누릴 자격이 없다고 믿게 만들었다면, 당신은 무엇이 자신에게 즐거움을 주는지조차 모를 수도 있습니다. 하지만 괜찮습니다. 자신에게 기쁨과 즐거움을 가져다주는 활동을 찾는 과정 자체가 DBT 기술 중 하나이며, 그것만으로도 충분히 즐거운 경험이 될 수 있습니다. 이 과정을 자신이 누구인지 그리고 무엇이 당신을 행복하게 만드는지 더 많이 알아 가는 탐험이라고 생각해 보세요.

한 가지 방법은 많은 사람이 즐거움을 느끼는 특정 활동이 나에게도 즐거운 경험이 될 수 있을지 생각해 보는 것입니다. 하지만 반드시 이를 알아내야 할 필요는 없으며, 어떤 것이 즐거움을 주는지 알아내는 과정에서 시행착오를 겪을 수도 있습니다. 하지만 [연습 4-2]에서 제시된 많은 사람이 즐거움을 느끼는 활동 목록을 살펴보는 것이 좋은 출발점이 될 수 있습니다. 이 목록을 살펴보며 어떤 활동이 재미있어 보이는지, 혹은 시도해 볼 만한 것이 있는지 생각해 보세요. 또한 한동안 해 본 적이 없더라도 과거에 이러한 활동을 즐겼던 경험이 있었는지 떠올려 보는 것도 도움이 됩니다. 이 과정의 목표는 나에게 완벽하게 맞는 활동을 찾는 것이 아니라, 시도해 보고 싶거나 즐거움을 줄 가능성이 있는 활동을 찾아내는 것입니다. 목록을 보면서 재미있다고 생각되는 활동이 있다면 옆에 체크 표시를 해 보세요. 또한 목록의 하단에는 스스로 즐거운 활동을 적어 볼 수 있도록 빈 공간을 마련해 두었으니, 직접 시도해 보고 싶은 활동을 자유롭게 적어 보세요.

연습 4-2 즐거운 활동 찾아보기

즐거운 활동	✔
맛있는 음식이나 과자, 특별한 간식 즐기기	
좋아하는 따뜻한 또는 차가운 음료 마시기	
혼자 또는 다른 사람들과 함께 요리하거나 베이킹하기	
누워서 쉬거나 낮잠 자기	
운동, 스트레칭, 요가하기	
마사지를 받거나 셀프 마사지하기	
누군가를 안거나 스킨십하기	
아이들과 놀거나 노는 모습을 보기	
좋은 친구나 사랑하는 사람과 대화하기	
연인과 특별한 시간 보내기	
다른 사람과 게임하기	
소셜 미디어 즐기기	
밖에서 산책하거나 자연 감상하기	
예술 작품 감상하기	
반려동물과 포근하게 껴안기	
책, 시, 신문, 기사 읽기	
글쓰기, 일기 쓰기, 블로그 작성하기	
그림 그리기, 페인팅, 낙서 등 창작 활동하기	
음악 듣기 또는 자연의 소리 감상하기	
노래 부르기, 춤추기, 웃기, 미소 짓기	
종교적 또는 영적인 활동 참여하기	
다른 사람을 칭찬하거나 친절한 행동하기	
사람이나 반려동물 돌보기	
좋아하는 영화나 TV 프로그램 시청하기	

숙달감을 주는 활동 찾아보기

이 활동들은 앞서 언급한 즐거운 활동과는 조금 다릅니다. 숙달감을 주는 활동은 당장은 재미있거나 즐겁지 않을 수 있습니다. 어떤 활동들은 즐거움을 줄 수도 있지만, 때로는 스트레스를 유발하거나 어렵고 지루하게 느껴질 수도 있습니다. 그럼에도 불구하고, 우리는 이러한 활동들을 긍정적인 경험으로 봅니다. 왜냐하면 이 활동들은 당신이 유능하고 능력 있는 사람이라고 느끼게 해 주며, 이를 통해 자신에 대한 만족감이 높아지고, 수치심에 대한 취약성을 줄이는 데 도움이 되기 때문입니다. 생각해 보면, 자신에 대해 긍정적으로 느끼고 자신의 성취를 자랑스럽게 여길 때, 수치심이 당신의 삶을 지배하기 훨씬 어려워집니다. 사실 자부심은 수치심과 반대되는 감정이므로, 두 감정을 동시에 경험하기는 어렵습니다. 따라서 수치심에 대한 취약성을 줄이는 효과적인 방법은 매일 스스로 유능하고 자신감 있는 사람으로 느낄 수 있는 활동에 참여하는 것입니다.

앞서 언급한 즐거운 활동과 마찬가지로, 숙달감을 주는 활동을 삶에 포함하는 첫걸음은 숙달감을 느끼고 자신을 유능하게 만드는 활동을 찾는 것입니다. [연습 4-3]에는 숙달감이나 성취감을 줄 수 있는 다양한 활동이 나열되어 있습니다. 물론 이 모든 활동이 당신에게 적합하지는 않을 수도 있지만, 이 목록을 통해 사람들이 어떤 유형의 활동에서 유능함과 숙달감을 느낄 수 있는지 파악할 수 있을 것입니다. 이 목록을 살펴보면서, 어떤 활동이 당신에게 숙달감을 주거나 자신감을 높일 수 있을지 생각해 보세요. 스스로 숙달감을 느낄 수 있을 것 같은 활동이 있다면, 해당 항목에 체크해 보세요. 또한 이 목록이 새로운 활동에 대한 아이디어를 떠올리게 할 수도 있습니다. 목록 하단에 빈 공간을 마련해 두었으니, 추가하고 싶은 숙달감을 주는 활동을 자유롭게 적어 보세요.

연습 4-3 실천 가능한 숙달감을 주는 활동 찾아보기

숙달감을 주는 활동	✔
중요한 과제에 몰두하기	
누군가와 어려운 대화를 나누기(누군가와 감정적으로 힘든 대화 나누기)	
자신의 감정, 소망 또는 요구사항을 표현하기	
집을 나가고 싶지 않을 때도 외출하기	
세차를 하거나 방을 정리하고 정돈하기	
퍼즐이나 도전적인 게임 하기	
혼자 있고 싶을 때 다른 사람들과 어울리기	
다른 사람 앞에서 말하거나 식사하기	
회피하고 있던 일 하기	
새롭거나 조금 두려운 일 시도해 보기	
청구서 정리 또는 재정 관리하기	
해야 할 일의 목록을 만들거나 정리하기	
어려운 책 읽기	
글쓰기 프로젝트를 진행하거나 완성하기	
일자리나 자원봉사 활동에 대해 조사하기	
자원봉사 활동을 하거나 다른 사람 돕기	
새로운 요리나 어려운 요리에 도전하기	
일상 속 문제를 해결하기	
새로운 컴퓨터 프로그램이나 운영체제 배우기	
무언가를 고치거나 제작하기	
빨래, 청소 등 집안일 하기	
누군가의 숙제나 어려운 일을 도와주기	
행사, 파티 또는 축하 모임 준비하기	
누군가에게 새로운 것을 가르쳐 주기	
건강 또는 재정 관련 목표 실천하기	

의미 있는 활동 찾아보기

삶에 긍정적인 경험을 포함하는 또 다른 방법은 자신에게 의미 있는 활동에 참여하는 것입니다. 이전에 확인했던 활동과 일부 겹칠 수도 있지만, 항상 그런 것은 아닙니다. 앞서 언급한 즐겁거나 숙달감을 주는 활동과는 달리, 여기서 말하는 활동들은 즉각적인 즐거움이나 숙달감을 느끼지 못할 수도 있습니다. 오히려 어떤 활동들은 도전적이거나 감정적으로 힘들 수도 있습니다. 그럼에도 불구하고, 우리는 이러한 활동들을 긍정적인 경험이라고 생각합니다. 왜냐하면 이 활동들이 숙달감과 행복감을 높이고, 전반적인 삶의 만족도를 향상시키는 데 기여하기 때문입니다. 사실 이러한 의미 있는 활동들은 즐거움이나 숙달감을 주는 활동보다도 더욱 효과적으로 지속적이고 깊이 있는 긍정적인 감정을 만들어 내어, 수치심과 같은 부정적인 감정에 대한 취약성을 줄이는 데 가장 효과적일 수 있습니다.

이제 의미 있는 활동을 찾기 위해서는 자신에게 중요한 것이 무엇인지 돌아보는 것이 도움이 됩니다. 다음과 같은 질문을 스스로에게 던지며 시작해 봅시다.

나에게 중요한 것은 무엇인가요?

나에게 의미 있는 것은 무엇인가요?

나의 삶을 의미 있게 하는 것은 무엇인가요?

내가 중요한 일을 했거나 변화를 만들어 냈다고 느낄 때는 언제인가요?

나의 삶에 가치를 더해 주는 것은 무엇인가요?

나에게 만족감과 충만감을 주는 것은 무엇인가요?

이 질문들을 충분히 생각해 보고, 떠오르는 답변을 정리해 보세요. 이 과정에는 정답이나 오답이 없다는 점을 기억하세요. 중요한 것은 당신의 삶에 의미 있는 활동을 찾아가는 과정을 시작하는 것입니다.

인생에서 의미 있는 활동을 찾는 또 다른 방법으로, [연습 4-4]에서는 사람들에게 의미를 줄 수 있는 다양한 활동 유형이 제시되어 있습니다. 앞서 제공된 목록들과 마찬가지로, 이 목록도 완전하지 않습니다. (사람마다 의미 있는 활동은 매우 다양할 수 있기 때문입니다.) 또한 이 목록에 포함된 모든 활동 유형이 반드시 당신에게 의미가 있는 것은 아닐 수도 있습니다. 이 목록은 특정 활동에서 억지로 의미를 찾도록 요구하는 것이 아니라, 다른 사람들이 의미 있다고 느끼는 활동 유형을 참고할 수 있도록 돕는 것입니다. 그러므로 앞의 질문들을 깊이 생각해 본 후 다음 목록을 살펴보며 자신에게 맞는 의미 있는 활동이 있는지 확인해 보세요. 그런 다음, 의미가 있을 것 같은 활동 유형을 선택하고, 그 범주에 해당하는 구체적인 활동 3~5개를 정리해 보세요. 그리고 앞으로 며칠 또는 몇 주 안에 실천해 볼 수 있도록 계획해 보세요.

연습 4-4 실천 가능한 의미 있는 활동 찾아보기

다음은 삶에 의미를 부여하거나 숙달감을 줄 수 있는 다양한 활동 유형의 목록입니다. 자신에게 와닿는 활동 유형에 체크해 보세요. 그런 다음, 체크한 각 활동 유형에 대해 앞으로 며칠 또는 몇 주 안에 실천할 수 있는 구체적인 활동 3~5가지를 떠올려 보고, 해당 빈칸에 기록해 보세요.

다른 사람(사람, 동물, 단체)을 돕기	✔
구체적인 활동:	
구체적인 활동:	
구체적인 활동:	
구체적인 활동:	
구체적인 활동:	
새로운 것을 배우고 발견하기	✔
구체적인 활동:	
구체적인 활동:	
구체적인 활동:	
구체적인 활동:	
구체적인 활동:	
지역사회, 사회 또는 세계에 기여하기	✔
구체적인 활동:	
구체적인 활동:	
구체적인 활동:	
구체적인 활동:	
구체적인 활동:	
불의, 불평등, 폭력, 빈곤 또는 기타 문제에 맞서 싸우기	✔
구체적인 활동:	
구체적인 활동:	
구체적인 활동:	
구체적인 활동:	
구체적인 활동:	
사랑하고 배려하는 가족 구성원이나 친구가 되기	✔
구체적인 활동:	
구체적인 활동:	
구체적인 활동:	
구체적인 활동:	
구체적인 활동:	

타인을 배려하기	✔
구체적인 활동:	
구체적인 활동:	
구체적인 활동:	
구체적인 활동:	
구체적인 활동:	
몸을 돌보고 건강을 향상시키기	✔
구체적인 활동:	
구체적인 활동:	
구체적인 활동:	
구체적인 활동:	
구체적인 활동:	
활기차고 건강한 삶을 즐기기	✔
구체적인 활동:	
구체적인 활동:	
구체적인 활동:	
구체적인 활동:	
구체적인 활동:	
환경이나 지구를 보호하기	✔
구체적인 활동:	
구체적인 활동:	
구체적인 활동:	
구체적인 활동:	
구체적인 활동:	
기타 활동 유형	✔
구체적인 활동:	
구체적인 활동:	
구체적인 활동:	
구체적인 활동:	
구체적인 활동:	
기타 활동 유형	✔
구체적인 활동:	
구체적인 활동:	
구체적인 활동:	
구체적인 활동:	
구체적인 활동:	

긍정적인 경험을 일상에 통합하기

이제 즐거움, 숙달감 또는 삶의 의미를 줄 수 있는 다양한 활동을 확인했으니, 이를 일상생활에 포함하기 위한 계획을 세워야 합니다. 이러한 긍정적인 경험을 일상에 더 많이 포함할수록 기분이 더욱 좋아질 것입니다. 앞서 언급한 바와 같이, 하루 동안 긍정적인 감정을 느끼면 수치심과 같은 부정적인 감정을 관리하기가 더 쉬워집니다. 또한 일부 숙달감을 주는 활동과 의미 있는 활동은 자신을 더 긍정적으로 느끼게 해 주기 때문에 수치심을 극복하는 데 특히 효과적입니다. 따라서 이러한 긍정적인 경험을 우리의 일상에 포함하는 것은 기분을 개선하고 수치심에 대한 취약성을 줄이는 데 큰 도움이 될 것입니다.

다음 연습이 이를 도와줄 것입니다! 지금까지 찾아본 활동을 바탕으로 [연습 4-5]를 완료하고, 다음 일주일 동안 매일 최소 두 가지 활동을 실행할 계획을 세워 보세요. 주간 계획을 세울 때는 즐거운 활동, 숙달감을 주는 활동, 의미 있는 활동을 조화롭게 포함하도록 하세요. 이러한 활동들을 일상에 포함하면 수치심을 줄이는 데 효과적인 방어막 역할을 할 수 있습니다. 또한 일주일 동안 다양한 활동을 시도하는 것도 유용합니다. 그렇게 하면 어떤 활동이 자신에게 가장 잘 맞는지 알 수 있습니다. 만약 기대했던 만큼 즐겁지 않거나 숙달감을 느끼지 못하는 활동이 있었더라도 괜찮습니다. 예를 들어, 즐거울 것이라고 생각했던 활동이 기대만큼 재미있지 않거나, 숙달감을 느낄 거라 예상했던 활동이 만족감을 주지 않을 수도 있습니다. 그 또한 괜찮습니다. 가장 중요한 것은 자신에게 긍정적인 경험을 허락하는 것이며, 자신에게 가장 적합한 활동을 찾아가는 과정 자체가 의미 있다는 점을 기억하세요. 결국 이 과정은 시행착오를 통해 자신에게 맞는 활동을 찾아가는 여정입니다. 중요한 것은 열린 마음으로 이러한 활동들에 접근하고, 매일 일부 활동을 실천해 보겠다고 스스로 다짐하는 것입니다.

이러한 활동들을 경험하면서 [연습 4-5]를 활용하여 자신의 반응을 기록하고, 가장 긍정적인 영향을 미치는 활동을 찾아보세요.

연습 4-5 긍정적인 경험 일상에 통합하기

이 연습은 즐거운 활동, 숙달감을 주는 활동, 그리고 의미 있는 활동을 일상에 통합하고, 각 활동이 자신에게 얼마나 긍정적인 영향을 주었는지 기록하는 것을 목표로 합니다. 추적해야 할 긍정적인 감정의 유형은 활동의 종류에 따라 달라집니다. 예를 들어, 즐거운 활동에서는 그 활동이 얼마나 즐겁거나 재미있었는지를 기록하고, 숙달감을 주는 활동에서는 얼마나 숙달감이나 만족감을 느꼈는지를 관찰하게 됩니다.

첫 번째 열에는 이번 주에 시도할 다양한 활동을 모두 적어 보세요. 첫 번째 열은 활동 유형에 따라 세 영역으로 구성되어 있습니다. 즐거운 활동, 숙달감을 주는 활동, 그리고 의미 있는 활동이 조화롭게 포함될 수 있도록 각 영역에 몇 가지 활동을 기록하는 것이 중요합니다. 두 번째 열에는 이 활동을 실천할 날짜를 기록하세요. 목표는 매일 두 가지의 서로 다른 활동을 시도하는 것입니다. 같은 활동을 여러 날 반복해도 괜찮지만, 한 주 동안 최소 9~10가지의 서로 다른 활동을 해 보는 것이 좋습니다. 그 다음, 세 번째 열에는 이 활동을 통해 느낀 긍정적인 감정을 평가하세요. 0은 긍정적인 감정을 전혀 느끼지 못한 경우, 5는 보통 정도의 긍정적인 감정을 경험한 경우, 10은 매우 강한 긍정적인 감정을 경험한 경우를 의미합니다. 마지막으로, 이제 이 활동들을 직접 시도해 보고, 어떤 것이 자신에게 가장 잘 맞는지 확인해 보세요!

즐거운 활동	이 활동을 언제 할 계획인가요? (즉, 이번 주의 날짜)	경험한 즐거움/만족감 수준(0~10)

숙달감을 주는 활동	이 활동을 언제 할 계획인가요? (즉, 이번 주의 날짜)	경험한 즐거움/만족감 수준(0~10)

의미 있는 활동	이 활동을 언제 할 계획인가요? (즉, 이번 주의 날짜)	경험한 즐거움/만족감 수준(0~10)

긍정적인 경험 및 관련 감정과 연결되기

이제 즐거움, 숙달감, 그리고 삶의 의미를 주는 활동을 찾고 이를 일상에 통합하기 시작했다면, 마지막 단계는 이러한 경험을 온전히 느끼고 이러한 경험과 깊게 연결되는 것입니다. 아마 당신도 경험해 본 적이 있듯이, 어떤 활동을 하면서도 그 활동에 몰입하지 못하고 온전히 경험하지 못하는 경우가 있을 수 있습니다. 마치 자동 조종 모드(autopilot)처럼 흘려보내는 느낌이죠. 그럴 때면, 그 경험에서 얻을 수 있는 긍정적인 감정이나 만족감도 충분히 느끼지 못하게 됩니다. 결론적으로 말하자면, 이러한 활동을 단순히 수행하는 것만으로는 충분하지 않습니다. 진정으로 그 경험과 그로 인해 생기는 긍정적인 감정에 연결되는 것이 중요합니다. 사실 이 활동들을 마음챙김 방식으로 수행하는 것 자체가 그 활동을 하는 것만큼이나 중요합니다. 만약 경험에 온전히 연결되지 않는다면, 그 활동이 주는 모든 혜택을 충분히 누리기 어려울 것입니다.

이러한 활동에서 최대한의 혜택을 얻으려면, DBT 마음챙김 기술 중 하나인 '지금 이 순간에 하는 일에 완전히 몰입하기'를 활용하세요(Linehan, 1993b). 이 기술의 목표는 자신의 경험에 완전히 빠져들고, 그 경험과 완전히 연결되는 것입니다. 이렇게 하면, 현재 하고 있는 활동에서 최대한의 효과를 얻고, 삶에 긍정적인 경험과 더욱 깊이 연결될 수 있습니다. 따라서 한 주 동안 당신이 선택한 즐거운 활동, 숙달감을 주는 활동, 의미 있는 활동을 시도할 때, 그 순간의 경험에 온전히 집중하는 연습을 해 보세요. 모든 집중을 현재 하고 있는 활동에 쏟아붓는 것이 중요합니다. 만약 '나는 긍정적인 경험을 누릴 자격이 없다.' 같은 수치심 관련 생각이 떠오른다면, 그 생각을 억지로 없애려 하기보다 그냥 알아차리고, 부드럽게 다시 지금 이 순간과 하고 있는 활동으로 돌아오세요. 이 과정이 여러 번 필요할 수도 있습니다. 그러나 괜찮습니다. 필요할 때마다 다시 주의를 돌리고, 계속해서 주의를 다시 집중하고, 또다시 집중하세요.

마지막으로, 이러한 긍정적인 경험을 통해 얻는 긍정적인 감정과 더욱 깊이 연결되기 위해 DBT 기술 중 하나인 감정을 알아차리고 주의를 기울이는 마음챙김 기술을 사용해 보세요(Linehan, 1993b). 긍정적인 감정은 수치심을 완화하는 보호막 역할을 하며, 그러한 감정과 싸울 수 있는 더 많은 자원을 제공해 줍니다. 하지만 최근에 긍정적인 경험이 부족했거나, 수치심으로 인해 그러한 경험을 누릴 자격이 없다고 생각했다면, 긍정적인 감정을 경험하더라도 그것과 연결되는 것이 어려울 수 있습니다. 이를 위해 현재 경험하고 있는 감정에 온전히 주의를 집중하는 것이 도움이 될 수 있습니다. 따라서 이 장의 앞부분에서 언급한 긍정적인 경험을 할 때, 그 순간 자신이 어떤 감정을 느끼고 있는지 주의를 기울여 보세요. 몸과 마음에서 느껴지는 감정의 감각을 알아차려 보세요. 어떤 감정을 경험하든, 있는 그대로 알아차리고 주의를 기울여 보세요. 만약 집중이 흐트러지거나 다른 생각이 떠오르면, 부드럽게 다시 자신의 감정으로 주의를 돌려 보세요. 어떤 감정을 느끼든 괜찮다는 사실을 스스로에게 상기시키고, 현재의 긍정적인 감정을 온전히 경험할 수 있도록 스스로에게 허락하세요.

앞으로 나아가기

이 장에서는 강렬한 수치심을 완화하는 데 도움이 되는 기술을 다루었습니다. 수치심을 느끼는 빈도가 줄어들고, 그 강도가 약해질수록 이를 다루기가 더 쉬워지고 삶에 미치는 부정적인 영향도 줄어듭니다. 따라서 수치심을 효과적으로 다루는 첫걸음 중 하나는 강렬한 수치심을 경험할 가능성을 줄이는 것입니다. 이를 위해 신체적으로 자신을 돌보고, 삶 속에서 긍정적인 경험을 늘리려는 노력이 중요합니다. 이러한 노력은 강렬한 수치심을 완화하는 데 도움이 될 수 있습니다. 또한 자신을 잘 돌보고, 스스로가 가치 있는 존재임을 인식하며 긍정적인 경험을 누릴 자격이 있다고 여기는 것은 수치심이 보내는 '당신은 가치가 없다.' 또는 '당신은 자격이 없다.'라는 메시지에 정면으로 맞서는 강력한 방법임을 기억하세요. 따라서 이번 기회를 통해 스스로를 배려하고, 친절과 연민을 베푸는 것을 자신에게 허락하세요. 그리고 다양한 긍정적인 경험을 삶에 자연스럽게 통합해 나가기 시작하세요.

강렬한 수치심이 생기기 전에 이를 예방하기 위해 취약성을 줄이는 것은 좋은 출발점이지만, 여전히 수치심을 경험하는 순간이 있을 것입니다. 따라서 수치심이 발생했을 때 이를 효과적으로 다루는 방법을 아는 것이 중요합니다. 좋은 소식은, DBT에는 수치심을 관리하고 그 영향력을 줄이는 데 매우 유용한 기술이 다양하게 있다는 것입니다. 다음 몇 개의 장에서는 이러한 기술들에 대해 자세히 살펴보겠습니다.

제5장

마음챙김 기술로 수치심 관리하기

수치심을 유발하는 판단을 줄이는 기술

수치심에 사로잡히지 않는 기술

수치심이 아닌 다른 것에 주의를 집중하는 기술

앞으로 나아가기

제4장에서는 강렬한 수치심에 대한 취약성을 줄이는 데 도움이 되는 몇 가지 유용한 기술을 소개했습니다. 이러한 기술들은 수치심을 관리하는 데 큰 도움이 되지만, 수치심이 발생하지 않도록 예방하고 발생했을 때 더 효과적으로 대처할 수 있는 도구는 이 외에도 많습니다. 사용할 수 있는 방법이 많을수록 수치심의 패턴을 변화시키고 수치심이 삶에 미치는 영향을 줄이는 데 더욱 유리할 것입니다.

이번 장에서는 DBT 마음챙김 기술을 활용하여 수치심을 관리하는 방법에 대해 자세히 설명합니다. 제2장에서 언급한 바와 같이, DBT의 마음챙김 기술은 수치심을 다루는 데 유용할 수 있습니다. 마음챙김이 자신의 경험(감정을 포함하여)을 더 잘 알아차리는 것이라고 기억할 텐데, 아마 '수치심을 다루기 위해서 왜 이러한 기술을 사용해야 할까?'라고 궁금할 수 있습니다. 아마도 '나는 이미 너무나도 수치심을 잘 느끼고 있는데, 왜 그 감정에 더 집중해야 할까?' 혹은 '이미 수치심이 너무 버겁고 그 감정을 너무나 잘 알고 있는데, 굳이 더 살펴볼 필요가 있을까?'라는 생각을 해 보았을지도 모릅니다. 충분히 이해할 수 있는 질문입니다. 강렬한 수치심을 겪는 많은 사람처럼, 당신 역시 이미 자신의 수치심을 매우 고통스럽게 인식하고 있을 수 있습니다. 그런 이유로, 수치심을 관리하는 방법으로 그 감정을 더 잘 인식하는 기술을 사용하는 것이 다소 이상하게 느껴질 수도 있습니다. 수치심을 다루는 더 효과적인 방법은 오히려 수치심으로부터 주의를 돌리는 것이라고 생각할 수도 있습니다. 수치심을 다룰 때 실제로 주의를 분산시키는 것이 도움이 될 수 있습니다. 이러한 기술 중 일부는 제6장에서 배울 예정입니다. 그러나 놀랍게도 마음챙김 기술 또한 수치심에서 회복하는 데 매우 도움이 될 수 있습니다.

여기에는 몇 가지 이유가 있습니다. 먼저, 마음챙김적 인식은 많은 이가 수치심을 인식하는 방법과 크게 다릅니다. 일반적으로 수치심은 사람들의 주의를 포괄적이고 도움이 되지 않는 방식으로 소진시켜, 그들이 감정에 갇히게 만들고 사로잡히게 만듭니다. 반면에 마음챙김은 감정을 보다 유익한 방식으로 다룰 수 있게 도와줍니다. 감정을 인식하고 관찰하면서도 그것에 사로잡히거나 깊이 빠져들지 않도록 하는 것이죠. 게다가 마음챙김 기술은 수치심에서 한 걸음 물러서도록 도와주기도 합니다. 주의를 다른 곳에 집중하는 방식으로 말이죠. 이렇게 하면 때로는 수치심에서 벗어나는 데 도움이 될 수 있습니다.

수치심을 유발하는 판단을 줄이는 기술

제1장과 제3장에서 언급한 바와 같이, 수치심은 주로 자기 자신에 대한 부정적인 판단과 평가에서 비롯되는 경우가 많습니다. 사람들이 수치심을 경험하는 가장 큰 이유 중 하나는 자신을 나쁘거나, 결함이 있거나, 가치가 없거나, 받아들여질 수 없는 존재로 여기기 때문입니다. 이러한 판단이 내려지면, 수치심은 자연스럽게 따라오게 됩니다. 그렇다면 자신에 대해 그런 생각과 판단을 하면서도 수치심을 느끼지 않는 것이 가능할까요? 이러한 이유로 수치심과 싸우고 수치심이 자리 잡는 것을 멈추게 하는 가장 효과적인 방법 중 하나가 자기 판단을 줄이는 것입니다. 만약 우리가 마법의 지팡이를 흔들어 모든 부정적인 자기 판단과 평가를 없앨 수 있다면, 수치심과의 싸움을 완전히 끝낼 수 있을 것입니다. 안타깝게도 우리는 그런 마법의 도구를 가지고 있지 않습니다(만약 있다면 기꺼이 사용할 것입니다!). 하지만 우리가 할 수 있는 것은 자기 판단을 줄이고 그로 인해 생기는 수치심을 완화하는 데 도움이 되는 DBT 마음챙김 기술을 가르쳐 주는 것입니다.

수치심을 예방하는 효과적인 방법 중 하나는 비판단적으로 자신의 경험을 알아차리고 이름을 붙이는 마음챙김 기술을 활용하는 것입니다(Linehan, 1993b, 2015). 구체적으로 말하자면, 수치심을 유발할 수 있는 상황(예: 실수를 하거나, 다른 사람에게 상처를 주었거나, 자신의 정체성에 대해 타인의 비판을 받을 때 등)을 겪을 때, 스스로를 비난하거나 '나쁘다.' '끔찍하다.' '형편없다.'와 같은 가혹한 표현을 사용하지 않는 것이 중요합니다. 이러한 판단과 표현은 오히려 수치심을 증폭시키고 부정적인 감정을 더욱 악화시킬 뿐입니다. 대신, 평가나 판단을 내려놓고 비판단적으로 단순히 일어난 일을 객관적으로 기술하는 데 집중해야 합니다(Linehan, 1993b, 2015). 예를 들어, 친구의 생일을 잊어버려서 친구의 감정을 상하게 했다면 스스로를 '형편없는 친구'라고 판단하거나 자신의 행동을 '이기적이다.' 또는 '무례하다.'라고 평가하지 마세요. 대신, 사실을 객관적으로 설명하는 데 집중해 보세요. 이 경우, 다음과 같이 설명할 수 있습니다. "나는 친구의 생일을 기억하지 못해서 전화나 메시지로 '생일 축하해.'라고 전하지 못했다. 그리고 3일 후에야 기억이 나서 친구에게 연락해 사과했다. 친구는 내 사과를 받아들였지만, 생일을 잊은 것은 좀 서운했다고 말했다." 이처럼 자신이나 자신의 행동에 대한 평가를 덧붙이지 않고 단순히 사실에 집중하면(예: 자신을 나쁜 친구라고 부르거나 행동을 이기적이라고 판단하는 것), 부정적인 자기 판단을 피할 수 있습니다. 또한 사실만 남기게 되어, 수치심이 커지는 것을 예방하는 데 도움이 됩니다. 이 기술을 더 효과적으로 연습할 기회는 제7장에서 제공할 것입니다.

이제 이 기술을 사용하면서, 특히 처음 연습을 시작할 때, 판단과 평가가 머릿속에 계속해서 떠오르는 것을 느끼실 것입니다. 이는 아주 자연스러운 일입니다. 만약 이러한 판단과 평가가 일어나면, 그냥 그것들을 알아차리고, 다시 주의를 기울여 가능한 한 객관적으로 자신의 경험을 인식하고 설명하는 데 집중해 보세요. DBT에서 말했듯이, 가장 중요한 점은 이러한 판단과 평가를 알아차렸을 때 그것을 다시 판단하지 않는 것입니다! 우리는 당신이 스스로에 대해 더 많이 판단하지 않도록 하고 싶습니다. 그러므로 판단이 일어나면 그것들을 판단하지 말고 그냥 알아차리고 다시 객관적으로 경험을 인식하고 있는 그대로 이름을 붙이는 데 집중하세요.

자기 판단에 직접적으로 대응하는 것 외에도, 자신의 경험을 판단 없이 객관적으로 인식하고 묘사하는 것은 상황을 더 잘 이해하고 효과적으로 상황을 처리할 방법을 찾아내는 데 도움이 됩니다. 어떤 사람들은 경험을 판단 없이 객관적으로 라벨링(이름 붙이기)하는 것이 자신이 싫어하는 부분이나 행동을 변화시키는 능력을 방해한다고 생각할 수 있지만, 이는 사실과 정반대입니다. 사실 실제로 무슨 일이 있었는지를 정확히 이해할 때만, 자신이 변화시키고 싶은 것을 어떻게 바꿀지 알 수 있습니다. 따라서 다음번에 자신이나 자신의 행동을 판단하고 있다는 것을 느낀다면, 그 경험을 비판 없이 객관적으로 인식하고 설명하는 데 집중하세요.

매기의 이야기

오래전부터 매기(Maggie)는 자신을 평가하고 판단해 왔다. 그녀는 자신이 하는 일, 자신의 존재, 그리고 성 정체성까지 거의 모든 면에서 스스로를 끊임없이 평가했다. 몇 시간도, 하루도 자신을 판단하지 않고 지나가는 일이 없었다. 조금이라도 완벽하지 않거나 누군가를 실망시킬 때마다, 그녀는 스스로를 탓하며 자신을 형편없는 사람이라고 여겼고, 삶에서 어떤 긍정적인 것도 누릴 자격이 없다고 생각했다.

매기가 DBT의 마음챙김 기술 중 하나인 비판단적으로 경험을 알아차리고 이름 붙이는 방법에 대해 알게 되었을 때, 그 기술은 즉시 그녀에게 와닿았다. 그녀에게 끊임없는 자기 판단 없이 살아가는 삶은 도저히 상상할 수 없는 삶이었지만, 판단을 줄이는 기술이 어떻게 도움이 될 수 있는지는 이해할 수 있었다. 그래서 그녀는 자신을 판단하는 순간마다 이 기술을 사용하기로 결심했고, 얼마 지나지 않아 그 기회를 맞이하게 되었다.

그날 아침 직장 상사가 메기에게 어젯밤까지 제출해야 했던 보고서가 어떻게 되었는지 확인해 왔다. 메기는 보고서를 제출하는 것을 깜박한 사실을 깨닫고 자신을 비난하기 시작했다. 자신을 바보 같고 게으르며 무능하다고 생각했다. 그러나 곧 자신이 스스로를 그렇게 판단하고 있다는 것을 인식하자마자, 그녀는 경험을 비판단적으로 설명하는 기술을 연습해야 한다는 것을 떠올렸다.

그녀는 숨을 깊이 들이쉬고, 상황을 객관적으로 묘사하며 스스로에게 말했다. "나는 보고서를 어젯밤까지 제출해야 했는데, 그만 깜빡했다. 오늘 상사가 보고서 마감일이 지났음을 상기시켜 주었다. 상사는 오늘 퇴근 전까지 제출해 달라고 요청했고, 내일 아침 일찍 검토할 수 있으므로 충분한 시간이 있다고 말했다. 나는 오늘 퇴근하기 전에 보고서를 제출할 것이다." 매기는 이렇게 상황을 설명하자, 수치심이 한결 가벼워지는 것을 느꼈고, 그 감정에서 한 걸음 물러나 상황을 객관적으로 바라보고, 보고서를 완성하는 데 집중할 수 있었다.

이 경험으로 인해 그녀는 자신을 판단할 때마다 이 기술을 사용하겠다고 다짐하게 되었다. 하지만 오후가 되자, 이 과정이 생각만큼 쉽지 않다는 것도 깨달았다. 보고서를 작성하는 동안 똑같은 자기 판단이 계속해서 떠올랐기 때문이다. 그러나 그녀는 '판단을 판단하지 말라.'는 DBT의 원칙을 떠올리고, 다시 주의를 돌려 자신의 경험과 행동을 비판 없이 묘사하는 데 집중했다.

며칠 동안, 이 기술을 연습한 후, 그녀는 이 과정이 점점 더 수월해지고 있음을 깨달았고, 자기 판단을 알아차릴 때 그것에서 한 걸음 물러설 수 있다는 것을 알게 되었다. 그리고 며칠 후, 그녀는 자기 판단이 줄어들었고, 더 이상 예전처럼 스스로를 비난하지 않게 되었다는 것을 깨달았다.

수치심에 사로잡히지 않는 기술

수치심과 관련된 생각에 사로잡히기 쉽습니다. 사실, 이것이 수치심을 다루기 어렵게 만드는 주된 이유 중 하나입니다. 수치심과 함께 드는 생각들은 사람들의 주의를 사로잡고 좀처럼 놓아주지 않습니다. 이 생각들은 스쳐 지나가는 것이 아니라 머릿속에 '끈적하게' 달라붙는 것처럼 느껴지며, 이 생각들에서 한 걸음 물러나는 것은 정말 어려울 수 있습니다. 수치심과 관련된 생각들이 어떤 종류인지 생각해 보면 충분히 이해할 수 있습니다. 이러한 생각들은 대개 극단적이고 강력한 판단들이어서 쉽게 놓아 버리기 어렵습니다. 만약 자신이 끔찍한 사람이라든지, 무가치하다거나, 인생에서 좋은 것을 누릴 자격이 없다고 느낀다면, 그러한 생각에서 벗어나기 어려운 것은 당연한 일입니다. 이러한 생각들은 당신의 주의를 강하게 사로잡습니다. 바로 이때 DBT 마음챙김 기술이 중요한 역할을 합니다.

수치심과 관련된 생각에 집착하지 않고 알아차리기

수치심과 관련된 끈질긴 생각을 다루는 데 가장 유용한 기술 중 하나는, 생각을 단순히 알아차리되 집착하거나 반응하거나 행동하지 않는 DBT 마음챙김 기술입니다 (Linehan, 1993b). 『경계성 성격장애 치료를 위한 기술 훈련 매뉴얼(Skills Training Manual for Treating Borderline Personality Disorder)』(Linehan, 1993б)에서는 이 특정 기술을 '테플론 마인드(teflon mind)'라고 설명합니다. 기본 개념은, 테플론 코팅이 된 프라이팬에 음식이 달라붙지 않고 쉽게 미끄러져 나가듯이, 우리의 생각이 마음에서 빠져나가도록 허용하는 것입니다. 만약 테플론 코팅이 없는(또는 이와 비슷한 기능이 없는) 팬에서 계란프라이, 오믈렛 혹은 치즈 샌드위치와 같은 음식을 조리해 본 적이 있다면, 아마도 음식이 팬 바닥에 달라붙어서 떼어 내기 힘든 것을 경험했을 것입니다.

그렇다면 이것이 수치심과 관련된 생각을 관리하는 것과 어떤 관련이 있을까요? 바로 같은 원리가 우리 마음속을 스치는 생각에도 적용됩니다. 만약 '테플론 마인드'를 연습하지 않는다면, 수치심과 관련된 생각이 다른 덜 괴로운 생각들처럼 쉽게 빠져나가기보다는 마음속에 달라붙을 가능성이 훨씬 큽니다. 따라서 이 마음챙김 기술의 핵심은, 수치심과 관련된 생각에 집착하지 않고 마음속에서 자연스럽게 빠져나가도록 하는 것입니다. 이 기술을 익히는 데 도움이 되는 [연습 5-1]을 활용해 보세요. 이를 통해 수치심과 관련된 생각과 거리 두는 법을 배울 수 있습니다.

연습 5-1 테플론 마인드(마음) 연습하기

1. 편안하게 앉거나 누울 수 있는 조용한 장소를 찾으세요.
2. 눈을 감으세요.
3. 몇 분 동안 호흡에 집중하세요. 숨을 들이쉬고 내쉴 때 어떤 느낌이 드는지 관찰하고, 호흡할 때 몸의 어디가 움직이는지 주의 깊게 살펴보세요.
4. 마음을 테플론 코팅이 된 프라이팬이라고 상상해 보세요. 이 프라이팬은 생각이 달라붙지 않고 자연스럽게 흘러갑니다. 마음이 프라이팬이고, 생각은 그 위에서 요리되는 음식이라고 상상해 보세요.
5. 몇 분 동안, 테플론 팬 위의 음식처럼 생각이 자연스럽게 흘러가는 모습을 관찰하세요. 일부러 특정한 생각을 하려고 하지 말고, 떠오르는 생각을 그저 알아차리고, 흘려보내세요.
6. 어떤 생각이 머릿속에 달라붙어 빠져나가지 않는다면, 그 사실을 알아차리고 다시 생각이 자연스럽게 흘러가도록 주의를 기울이세요.

이 연습을 몇 번 한 후, 수치심과 관련된 생각이 떠오를 때 이 기술을 사용해 보세요. 다른 생각들이 마음속에 들어왔다 빠져나가는 것을 느꼈듯이, 수치심과 관련된 생각도 머릿속에 달라붙지 않고 자연스럽게 흘러가는 모습을 상상해 보세요. 그 생각들이 달라붙지 않고 지나가는 것입니다.

이 기술을 연습하는 또 다른 방법은 수치심을 느낄 때 떠오르는 각각의 생각을 컨베이어 벨트 위에 올려놓는 모습을 상상하는 것입니다[『경계성 성격장애 치료를 위한 기술 훈련 매뉴얼』(Linehan, 1993b)에서 응용]. 컨베이어 벨트는 일반적으로 일정한 속도로 움직이며, 물건을 천천히 이동시킵니다. 이처럼 마음속에서 떠오르는 모든 생각이 천천히 그리고 꾸준히 자연스럽게 흘러가는 모습을 상상해 보세요. 컨베이어 벨트의 속도를 조절하려 하거나, 떠오르는 생각을 벨트에서 꺼내려고 하지 마세요. 그저 머릿속을 지나가는 생각을 하나씩 알아차리세요. 만약 컨베이어 벨트가 멈추거나, 생각들이 한꺼번에 쌓이거나, 생각들이 벨트에서 떨어지기 시작하면, 그 경험을 알아차리고 부드럽게 다시 주의를 컨베이어 벨트로 돌려, 각 생각을 벨트 위에 놓고 그것들이 천천히 흘러가는 모습을 지켜보세요. 다음에 수치심을 느낄 때, 이 연습을 최소한 5분간 실천해 보세요. 이 연습을 자주 하면, 수치심과 관련된 생각을 다루는 것이 점점 더 수월해질 것입니다.

수치심과 관련된 생각에 이름 붙이기

수치심과 관련된 생각을 다루는 데 유용한 또 다른 기술은 DBT 마음챙김 기술 중 하나인 '경험에 이름 붙이기'라는 기술입니다(Linehan, 1993b). 사람들이 수치심과 관련된 생각에 쉽게 사로잡히는 이유 중 하나는 그 생각을 사실로 받아들이기 때문입니다. 수치심을 자주 느끼는 사람들은 부정적인 자기 판단이 단순히 머릿속에서 떠오른 생각일 뿐이며, 반드시 사실이거나 정확한 것이 아닐 수도 있다는 점을 인식하는 대신, 이러한 부정적인 평가를 사실로 받아들이는 경향이 있습니다. 이 기술이 도움이 될 수 있는 이유가 바로 여기 있습니다. 생각을 단순히 '생각'이라고 이름 붙이는 것은 떠오른 생각을 사실로 받아들이거나 그에 휘둘리는 것을 막는 방법 중 하나입니다. 이 기술을 활용하면, 수치심과 관련된 생각이 단순히 머릿속에서 떠오른 것일 뿐, 실제 상황을 정확하고 객관적으로 설명한 것이 아님을 인식하는 데 도움이 됩니다.

따라서 다음번에 수치심과 관련된 생각이나 자기 비판적인 판단이 들면, 그것을 단지 생각이라고 이름을 붙여 보세요. 예를 들어, '나는 형편없는 사람이야.' 또는 '나는 무가치한 사람이야.'라고 생각하기보다는 "나는 내가 형편없는 사람이라고 생각하고 있구나." 또는 "나는 내가 무가치한 사람이라고 생각하고 있구나."처럼 표현하세요. 이런 방식으로 수치심과 관련된 생각을 인식하고, 그것이 단순히 마음이 만들어 낸 생각임을 명확하게 구분하면, 그 생각에서 한 걸음 물러나게 되어 마치 그것이 절대적인 진실인 것처럼 받아들이지 않게 됩니다. 이를 돕기 위해 [연습 5-2] 활동지에 수치심과 관련된 생각을 적어 보세요.

연습 5-2 수치심과 관련된 생각을 단순한 생각으로 이름 붙이기

이 활동지를 활용하여 부정적인 자기 판단과 수치심과 관련된 생각들이 단순한 생각일 뿐임을 인식해 보세요. 다음 빈칸에 자신이 자주 하는 수치심과 관련된 생각을 모두 적어 보세요.

나는 다음과 같은 생각을 하고 있구나. ______

나는 다음과 같은 생각을 하고 있구나. ______

나는 다음과 같은 생각을 하고 있구나. ______

나는 다음과 같은 생각을 하고 있구나. ______

나는 다음과 같은 생각을 하고 있구나. ______

나는 다음과 같은 생각을 하고 있구나. ______

수치심이 아닌 다른 것에 주의를 집중하는 기술

수치심이 이렇게 고통스럽고 압도적인 감정인 이유 중 하나는 그것이 전적으로 모든 것을 집어삼키기 때문입니다. 수치심은 온전히 그 감정에 사로잡혀 다른 것에 집중하기 어렵게 할 수 있습니다. 이로 인해 수치심은 쉽게 통제 불능으로 빠져들 수 있습니다. 기본적으로 수치심을 경험하고, 수치심과 관련된 부정적인 평가를 받아들이거나 믿으면, 다시 더 강한 수치심을 경험하는 악순환에 빠질 수 있습니다. 이러한 악순환의 고리를 끊고 다른 기술을 사용할 여유를 만들기 위해서는, 수치심에서 잠시 벗어나 다른 것에 주의를 집중하는 것이 도움이 될 수 있습니다.

이제, 이것이 말처럼 쉽지 않을 것 같다고 생각할 수도 있습니다. 수치심이 그렇게 강력하고 주의를 사로잡는 감정이라면 어떻게 다른 것에 집중할 수 있을까요? 바로 여기에서 DBT의 마음챙김 기술이 다시 중요한 역할을 합니다. 기본적으로 이 기술들은 우리의 주의와 인식을 가장 효과적인 방식으로 전환하는 것과 관련이 있기 때문에, 수치심이 아닌 다른 것에 집중하는 데 이 기술들을 사용할 수 있습니다.

감각을 통해 들어오는 정보를 알아차리고 이름 붙이기

수치심이 아닌 다른 것에 주의를 기울이는 가장 간단한 방법 중 하나는 경험을 알아차리고 이름을 붙이는 DBT 기술(Linehan, 1993b)을 활용하는 것입니다. 이는 오감을 통해 주의를 다른 곳으로 돌리는 첫걸음이라고 볼 수 있습니다. 수치심과 관련된 단서, 생각, 신체 감각에 집중하는 대신에 미각, 촉각, 후각, 청각, 시각 등 오감을 통해 들어오는 정보에 온전히 집중해 보세요. 가능하다면 한 번에 한 가지 감각에만 주의를 기울이는 것이 좋습니다. 이러한 경험을 좋거나 나쁘다고 판단하지 말고, 단순히 감각과 지금 느끼고 있는 모든 것에 집중하는 것이 중요합니다. 그런 다음, 이러한 경험에 이름을 붙이고 가능한 한 경험을 자세하게 묘사하면서 이를 언어로 표현할 수 있는지 확인해 보세요. 마치 자신의 경험을 언어로 그림 그리듯 표현하는 것이라고 생각하면 됩니다. 이 기술을 효과적으로 활용하려면 [연습 5-3]의 질문을 적용해 보세요.

연습 5-3 감각을 통해 들어오는 정보를 알아차리고 이름을 붙이는 데 도움이 되는 질문들

오감을 통해 들어오는 정보를 인식하고 표현할 수 있도록, 다음 질문들을 스스로에게 해 보세요.

미각

지금 어떤 맛이 느껴지나요?
입안 어디에서 이 맛이 가장 먼저 느껴지나요?
미묘한 맛인가요, 강한 맛인가요?
이 맛은 쓴가요, 단가요, 짠가요?
차가운가요, 뜨거운가요?
맛이 얼마나 오래 지속되나요?

촉각

피부에 닿았을 때 어떤 느낌이 드나요?
손끝에 닿았을 때 어떤 느낌이 드나요?
어떤 질감이 느껴지나요?
부드러운가요, 단단한가요?
거친가요, 매끄러운가요?
만졌을 때 따뜻한가요, 차가운가요?

후각

어떤 향기가 느껴지나요?
냄새가 강한가요, 은은한가요?
시간이 지나면서 향이 어떻게 변하나요?
이 향기가 얼마나 오래 지속되나요?

청각

지금 어떤 소리가 들리나요?
소리가 가까운 곳에서 들리나요, 먼 곳에서 들리나요?
소리가 크나요, 작나요?
소리가 높은가요, 낮은가요?
각 소리는 얼마나 오래 들리나요?

시각

지금 무엇이 보이나요?
어떤 물체가 관찰되나요?
어떤 색깔이 보이나요?
어떤 질감과 패턴이 보이나요?
어떤 모양이 보이나요?

오감에 집중하면 수치심에서 벗어나 주의를 다른 곳으로 돌리는 데 도움이 됩니다. 다음번에 수치심에 사로잡힐 때 이 방법을 시도해 보고 얼마나 효과적인지 확인해 보세요.

지금 이 순간의 모든 경험을 알아차리고 이름 붙이기

수치심이 아닌 다른 곳으로 주의를 돌리는 또 다른 방법은 자신의 경험을 알아차리고 이름을 붙이는 DBT 기술(Linehan, 1993b)을 활용하는 것입니다. 이 기술은 지금 이 순간에 자신이 느끼고 있는 모든 것과의 연결을 도와줍니다. 수치심을 강하게 느낄 때는 경험의 다른 측면을 인식하기 어려울 수 있지만, 그렇다고 해서 다른 경험이 전혀 존재하지 않는다는 의미는 아닙니다. 사람들이 강렬한 수치심을 경험할 때도 다른 감정과 생각이 함께 존재하는 경우가 많습니다. 단지 수치심을 강하게 느낄 때는 그것들을 인식하기가 더 어려운 것뿐입니다. 따라서 자신의 경험을 알아차리고 모든 측면에 이름을 붙이면, 수치심을 넘어서 다른 생각과 감정으로 주의를 확장하는 데 도움이 될 수 있습니다.

이제 왜 이 기술을 '감각을 통해 들어오는 정보를 알아차리고 이름 붙이기' 기술과 분리했는지 또는 왜 그 기술을 먼저 다루었는지 궁금할 수도 있습니다. 그 이유는, 우리는 앞선 기술이 마음챙김 연습을 시작하는 데 있어 매우 좋은 첫 번째 단계로 생각하기 때문입니다. 사람들이 이러한 기술을 처음 사용할 때는, 무엇에 집중해야 할지 구체적이고 간단하며 명확한 초점이 필요합니다. 감각은 언제나 존재하는 것이므로 처음에는 오감에 집중하는 것이 효과적인 출발점이 됩니다. 그러나 마음챙김을 연습할 때는 단순히 감각적 경험에 머무르는 것이 아니라, 수치심을 넘어 다른 감정이나 생각 같은 내면의 경험으로 주의를 확장하는 능력도 중요합니다. 그렇게 함으로써, 지금 이 순간에 자신의 전체적인 경험을 보다 온전하게 이해할 수 있습니다. 따라서 단순히 오감을 통해 들어오는 정보에만 의존하는 것이 아니라, 현재 경험하고 있는 모든 요소와 연결될 수 있도록 이 기술을 활용하는 것이 좋습니다. 이를 돕기 위해 [연습 5-4]의 질문을 스스로에게 던지며 지금 이 순간의 모든 경험과 깊이 연결되는 연습을 해 보세요.

연습 5-4 지금 이 순간과 연결되도록 돕는 질문들

지금 이 순간에서 자신이 경험하고 있는 모든 것과 연결될 수 있도록, 다음 질문을 스스로에게 던져 보세요.

현재의 외부 환경

지금 내가 보고 있는 것은 무엇인가요?
어떤 물체들이 보이나요?
주변에 다른 사람들이 있나요? 그들은 어떻게 생겼나요?
그들은 무엇을 하고 있나요?
그들의 표정은 어떤가요?

내 피부에 닿는 촉감은 어떤가요?
내 손끝에서 느껴지는 감각은 어떤가요?
지금 내가 듣고 있는 소리는 무엇인가요?
그 소리는 가까이에서 나는 소리인가요,
멀리서 들리는 소리인가요?

현재의 내부 환경

지금 나는 어떻게 느끼고 있나요?
수치심 이외에 어떤 감정을 느끼고 있나요?
지금 내 머릿속에 떠오르는 생각들은 무엇인가요?
지금 내 몸에서 긴장이 느껴지는 곳은 어디인가요?

내 몸은 어떻게 느껴지나요?
나는 춥나요, 덥나요, 따뜻한가요?
내 근육은 이완되어 있나요, 긴장되어 있나요?

이 연습을 시작하면, 수치심을 넘어 주의를 확장하는 것이 매우 어렵다고 느낄 수 있습니다. 그래도 괜찮습니다. 사실 당연한 일입니다. 만약 이 과정이 쉬운 일이었다면, 우리는 수치심을 다루는 데 도움이 되는 이 워크북을 쓸 필요가 없었을 것입니다. 하지만 좋은 소식은 이 기술을 연습하는 것 자체만으로도, 즉 비록 원하는 만큼 순조롭게 진행되지 않더라도 그 자체로 충분히 도움이 된다는 점입니다. 이 워크북에서 소개하는 많은 기술과 마찬가지로, 마음챙김 기술도 시간이 지나면서 점점 더 익숙해지고 활용하기가 쉬워집니다. 수치심뿐만 아니라 다양한 감정, 생각, 그리고 신체 감각에도 주의를 확장하는 것을 연습할수록 점점 더 익숙해지고 그만큼 더 쉬워질 것입니다.

한 번에 한 가지에 집중하기

DBT 기술 중 하나인 한 번에 한 가지에 집중하기 기술(Linehan, 1993b)은 수치심에서 벗어나 다른 것에 주의를 기울이는 데 유용한 방법입니다. 이 기술의 핵심 아이디어는 수치심으로 인해 주의가 흐트러질 때마다 지금 하고 있는 활동에 온전히 집중하고, 수치심이 느껴질 때마다 부드럽게 주의를 다시 지금 이 순간과 하고 있는 행동으로 돌리는 것입니다. 따라서 이 기술을 활용하면 지금 하고 있는 일이 무엇이든 집중할 수 있습니다. 중요한 것은 수치심으로 인해 주의가 흐트러졌다고 느낄 때마다 계속해서 주의를 현재의 활동으로 돌려놓는 것입니다. 예를 들어, 일을 하고 있다면 그 일에 집중하세요. 운동을 하고 있다면 운동에 몰입하세요. 글을 쓰고 있다면 글쓰기에만 집중하세요. 아이들과 함께 시간을 보내고 있다면 온전히 아이들과 놀아 주세요. 스스로를 위로하는 활동을 하고 있다면 그 순간에만 집중해 보세요. 이렇게 하면 수치심에서 벗어나 다른 것에 주의를 기울일 수 있을 뿐만 아니라, 이러한 활동들의 긍정적이고 의미 있는 측면과도 연결될 수 있습니다.

따라서 다음에 수치심이나 이와 관련된 생각에 사로잡히게 된다면, 깊이 숨을 들이쉬고 그 순간에 자신이 하고 있던 일로 주의를 되돌려 보세요. 오직 그 활동에 온전히 집중하고 그 활동에 몰입하세요. 마음을 거기에만 쏟아 보세요. 만약 수치심 때문에 주의가 흐트러진다면 이를 알아차린 뒤 다시 현재의 활동으로 주의를 돌려 보세요. 필요할 때마다 이 과정을 반복하고, 계속해서 다시 주의를 집중해 나가세요.

스티브의 이야기

스티브(Steve)는 DBT 마음챙김 기술을 통해 수치심을 다루는 방법을 알게 되었을 때, 솔직히 말해 매우 회의적이었다. 그는 부정적인 자기 판단, 가라앉는 감정(우울감)과 속이 울렁거리는 느낌, 그리고 숨고 싶고 스스로를 비난하고 싶은 충동이 거의 항상 그를 따라다녀서 수치심에서 벗어날 수 없다고 느꼈다. 이러한 감정들을 더 잘 알아차리고 인식하는 것이 도움이 된다는 생각은 전혀 이해가 가지 않았다.

하지만 스티브는 자신의 수치심 감정을 극복하고 그것이 자신에게 미치는 영향을 끊어 내기 위해 할 수 있는 모든 일을 하겠다고 결심했다. 그래서 그는 이러한 기술이 도움이 되는지 직접 시도해 보기로 했다. 처음에는 DBT 마음챙김 기술을 활용해 수치심이 아닌 다른 것에 주의를 집중하는 연습을 하기로 했다. 오감을 활용하는 것이 좋은 출발점이 될 것 같아서, 수치심에 사로잡힐 때마다 이를 시도했다. 그는 이 연습을 더 쉽고 즐겁게 만들기 위해 좋아하는 사탕이나 마음이 편안해지는 휴양지 사진 같은 물건을 가지고 다니기 시작했다.

마음챙김 기술을 어느 정도 익혔다고 느끼자, 그는 수치심 외에도 자신이 경험하는 다양한 생각과 감정에 주의를 집중해 보기로 했다. 예상한 대로, 수치심만 존재하는 것처럼 보였지만, 실제로는 다른 감정과 생각들도 함께 있다는 사실을 곧 깨달았다. 예를 들어, 배우자나 자녀와의 시간에서 느끼는 사랑과 행복, 직장에서의 성취감과 자부심 같은 감정들이었다. 그런 감정들에 집중하는 것은 수치심에서 벗어나는 데 도움이 되었다.

하지만 궁극적으로 그가 가장 도움이 되었다고 느낀 기술은 현재 하는 일에 온전히 집중하는 것이었다. 그는 직장에서 수업 시간에 학생들을 가르치는 데 모든 주의를 집중했다. 자기 비판적인 부정적인 생각이 떠오르면, 그는 다시 학생들에게 주의를 돌리고 그들과 소통하는 경험에 집중했다. 학생들이 하는 이야기와 자신이 전달하고자 하는 내용에 더욱 주의를 기울이며, 마음을 지금 이 순간으로 되돌렸다. 배우자와 자녀들과 함께 있는 시간에도 그는 온전히 그들과 함께하는 것에 집중했다. 그들이 나누는 대화에 집중하며, 소중한 사람들과 함께하는 경험에서 느끼는 모든 것을 온전히 느끼고자 했다.

일주일 동안 이 기술을 연습한 후, 그는 자신이 삶에서 얼마나 자주 진정으로 '존재'하지 못했는지, 그리고 수치심이 그의 삶에서 중요한 것들(가족과 시간을 보내거나 학생들을 가르치는 순간)에 집중하는 것을 방해했는지 깨달았다. 그 활동들에 온전히 집중하면서 그는 수치심에서 어느 정도 벗어날 수 있었다. 그 결과, 소중한 사람들과의 경험에 더 깊이 연결된 느낌을 받을 수 있었다.

앞으로 나아가기

이 장에서는 DBT 마음챙김 기술을 통해 수치심을 예방하고 관리하는 방법을 다루었습니다. 당신은 부정적인 자기 판단과 평가의 패턴에 빠지지 않고, 자신과 자신의 행동을 객관적이고 비판단적인 방식으로 묘사함으로써 수치심이 생기는 것을 막는 기술을 배웠습니다. 또한 수치심과 관련된 생각에서 한 걸음 물러나, 그 생각에 사로잡히지 않고 이를 다루는 기술도 배웠습니다. 마지막으로, 수치심에서 벗어나기 위해 다른 생각, 감정, 경험에 주의를 돌려 수치심에서 잠시 벗어나고, 자신의 경험의 다른 측면과 연결될 수 있도록 돕는 기술을 배웠습니다.

이러한 기술들은 수치심의 단서와 수치심이 발생했을 때 반응하는 방식을 바꾸는 데 매우 유용하며, 수치심이 당신의 삶에 미치는 영향을 줄이는 데 큰 도움이 될 것입니다. 하지만 이러한 기술을 연습할 때, 수치심과 그 단서에 대한 반응 방식을 바꾸는 것은 시간이 걸리는 과정이라는 점을 기억하세요. 이러한 패턴은 하루아침에 바뀌지는 않습니다. 따라서 중요한 것은, 수치심이나 그와 관련된 생각이 떠오를 때마다 이러한 마음챙김 기술을 꾸준히 연습하고, 만약 수치심 때문에 주의가 흐트러지거나 자기 비판적인 생각이 떠오르더라도 스스로를 판단하지 않는 것입니다. 이러한 기술을 반복적으로 사용하면 자신과 자신의 경험을 비판단적으로 받아들이는 것이 점점 더 자연스러워질 것입니다.

이제 수치심을 예방하고 다루기 위한 다양한 마음챙김 기술을 배웠으니, 다음 장에서는 수치심을 경험할 때 상황이 더 악화되지 않도록 하는 고통 감내 기술을 다룰 것입니다.

제 6 장

수치심을 느낄 때 상황을 악화시키는 것들 피하기

위기 생존 기술로서의 주의 전환 기술

현실 수용 기술로서의 온전한 수용

앞으로 나아가기

수치심은 매우 고통스러운 감정으로, 가능하다면 피하고 싶은 감정일 수 있습니다. 사실 강렬한 수치심은 견디기 가장 어려운 감정 중 하나입니다. 그래서 강한 수치심이 밀려올 때, 그것으로부터 벗어나고 싶은 욕구도 매우 강하게 들 수 있습니다. 이런 수치심이 생기면, 이런 감정에서 벗어나고 싶은 충동을 떨쳐 내기가 어렵기 때문에, 수치심을 피하려 약물 사용이나 자해 등 온갖 해로운 행동을 하게 될 수도 있습니다. 또한 주변 사람들에게 나중에 후회할 만한 말을 할 수도 있고요. 이 장에서는 이미 고통스러운 상황을 더 악화시키지 않도록 돕는 DBT 핵심 기술 몇 가지에 대해 이야기해 볼 것입니다.

우리는 이번 장에서 DBT의 고통 감내 기술 중 수치심을 다루는 데 가장 효과적인 두 가지 기술에 초점을 맞추고자 합니다. 이 기술 중 하나는 위기 생존 기술로서의 주의 전환 기술이고, 또 다른 하나는 현실 수용 기술로서의 온전한 수용입니다.

위기 생존 기술로서의 주의 전환 기술

위기 생존 기술의 주요 목표는 이미 어려운 상황을 더 악화시키지 않도록 도와주는 것입니다. 즉, 스스로에게 더 큰 스트레스를 주지 않고 현재 처한 위기에서 '생존'하는 것이죠. 이러한 기술은 감정이나 충동에 따라 행동하지 않고도 어려운 상황을 견뎌 내는 데 도움이 됩니다. 또한 수치심과 같은 격렬한 감정을 완화하여 좀 더 견딜 수 있게 만들 수도 있습니다. 여기서는 주로 위기 생존 기술로서의 '주의 전환'에 초점을 맞출 것입니다.

주의 전환 기술은 DBT의 위기 생존 기술 중 하나입니다. 주의 전환은 정서적 고통이나 스트레스가 아닌 다른 것에 주의를 집중하는 것을 포함합니다. 다른 일에 집중하면 수치심 같은 정서적 고통에서 잠시 벗어날 수 있습니다. 또한 수치심이 시키는 행동을 하여 상황을 악화시킬 가능성을 줄이는 데도 도움이 될 수 있습니다. 주의를 전환하는 방법은 다양합니다. 이 장에서는 (그중) 몇 가지 방법을 골라서 소개하겠습니다.

활동에 참여하여 주의 전환하기

활동에 참여하여 주의를 전환하는 기술은 감정적 고통으로부터 마음을 다른 곳으로 돌릴 수 있을 만큼 흥미로운 일을 함으로써 주의를 돌리는 방법입니다. 극심한 수치심을 느끼고 이를 견디기가 힘들다면, 흥미롭고 매력적인 활동을 통해 주의를 분산시키는 것이 도움이 될 수 있습니다. 이때 가장 좋은 활동은 흥미롭고, 매력적이며, 당신에게 활력을 주는 활동일 것입니다. 흥미롭지 않고 지루한 활동은 당신의 주의를 끌지 못할 것이고, 당신은 다시 주의가 산만해져 마음이 수치심을 야기했던 원인으로 되돌아가는 것을 보게 될 수도 있습니다.

흥미롭거나 매력적인 활동을 선택하면 더 쉽게 집중이 가능하고, 수치심에서 더 오랜 시간 떨어져 있을 수 있습니다. 어떤 주의 전환 기술을 선택할지는 당신이 처한 상황에 따라 다를 수 있겠죠. 혼자 있을 때 할 수 있는 활동과 다른 사람들과 함께 있을 때 하는 활동은 다를 수 있습니다. 여기에는 당신이 혼자 있을 때 사용할 수 있는 주의 전환 활동을 소개합니다.

- 집 밖으로 나가 활력 있는 산책, 달리기, 하이킹을 하기
- 나를 지지해 줄 수 있는 사람에게 연락하여 만나기로 약속하기
- 밖으로 나가서 새나 동물을 관찰하기
- 자연에서 산책하기
- 많은 사람이 모여서 함께 흥미로운 일을 하는 장소에 가 보기(예: 박람회, 공원, 커피숍, 레스토랑, 도서관 등)
- 수영하기, 운동하기, 아니면 뜨거운 욕조나 사우나에 들어가 앉아 있기
- 악기 연주하기, 작곡하기, 아니면 음악 감상하기
- 요리를 하거나 빵 굽기
- 제일 좋아하는 드라마나 영화, 스포츠 경기 보기
- 지역 경기장에서 열리는 스포츠 경기 관람하기
- 제일 좋아하는 식당 가기
- 춤추거나 노래하기

혼자 있을 때는 환경에 변화를 주는 것도 도움이 될 수 있습니다. 집에 혼자 소파 같은 것에 앉아 극심한 수치심을 느끼고 있다고 가정해 봅시다. 이 경우에는 그 공간에서 벗어나는 것이 도움이 될 수 있겠죠. 마샤는 내담자들에게 종종 "공동묘지에서 놀지 마세요."라고 말하곤 했습니다. 즉, 수치심이 강하게 느껴지는 장소에 오래 머물지 말고, 새로운 환경으로 이동하여 활동해 보라는 것입니다.

다른 사람들이랑 함께 있을 때 수치심을 많이 느낀다면 혼자 있을 때와는 다른 주의 전환 기술이 필요합니다. 예를 들어, 친구들과 만나고 있는데 강한 수치심이 올라온다면, 그 감정 때문에 사람들을 피하거나 자리를 떠나고 싶을 수 있습니다. 그러나 '지혜로운 마음'으로 생각해 보면, 그 자리에 남아 있는 것이 더 도움이 될 수도 있습니다. 이 사람들은 당신의 좋은 친구이며, 당신이 사랑하는 사람들입니다. 힘들지만 당신은 이들과 함께 보내는 시간을 소중히 여기는 상황이고요. 그렇다면 이 경우에는 어떻게 주의를 분산시킬 수 있을까요? 여기 몇 가지 방법을 소개합니다.

- 마음챙김을 하며 대화에 참여하세요. 지금 함께 있는 사람들과의 대화에 온전히 집중해 봅시다. 잠시 동안 수치심에서 벗어나 주변 사람들에게 주의를 돌리는 것이 중요합니다. 수치심과 관련된 생각(자신이나 외모에 대한 판단 등)이 떠오르면 그것을 내려놓고 다시 대화에 집중해 보세요. 이것은 바로 타인에 대한 마음챙김(mindfulness of others) 기술이며, 이 기술은 제9장에서 다시 살펴볼 것입니다.
- 필요하다면 잠시 혼자만의 시간을 가지며 주의를 전환한 후, 다시 함께 있는 사람들에게 돌아오는 것도 방법입니다. 예를 들어, 당신은 밖으로 나가서 가볍게 산책을 하거나, 좋아하는 음악을 듣거나 자신의 기분에 대해 이야기를 나눌 수 있는(믿을 만한) 사람에게 전화를 걸 수 있습니다.
- 밖에서 식사 중이거나 (스포츠) 경기 등의 활동이 진행되고 있을 때는 식사를 하는 것과 경기에 참여하는 것에 온전히 집중하세요. 어떠한 활동이든 괜찮으니 수치심이나 수치심과 관련된 생각이 들어올 자리가 없도록 당신의 마음을 그 활동으로만 꽉 채워 보세요.
- 당신의 감정이 지금 어떤지 함께 있는 사람들에게 이야기하고, 당신이 다른 데로 주의를 돌리는 데 (그들의) 도움이 필요한 상태라고 알려 주세요.

다른 일에 몰두해서 주의 전환하기

마음을 바쁘게 하는 활동을 통해 수치심에서 주의를 돌리는 것도 효과적인 방법이 될 수 있습니다. 일하느라 정신이 없거나, 어려운 문제를 풀려고 하거나, 아니면 퍼즐, 게임 등 다른 활동에 참여하느라 너무 바쁘면 수치심과 관련된 경험에 집중하기 어려워집니다.

- 스도쿠나 십자말풀이 또는 약간의 노력이 필요한 퍼즐이나 게임을 해 보세요.
- 다른 사람과 함께 약간은 어렵고 집중해야 하는 게임을 해 보세요. 이러한 게임으로는 바나나그램(bananagrams)을 추천합니다. 이 게임을 할 때는 작은 타일로 계속해서 단어를 만들어야 하죠. 제일 먼저 게임을 끝내야 하므로 서둘러야 하기 때문에, 수치심이나 수치심과 관련된 경험을 곱씹을 시간도 없을 것입니다.
- 새로운 언어, 수학 문제 풀이 방법, 새롭고 약간 난이도가 높은 비디오 게임, 컴퓨터 애플리케이션 등 새로운 것을 배워 보는 것도 좋습니다.
- 몸을 움직이는 활동이나 무언가 새로운 것을 배우는 활동에 집중해 보세요. 예를 들어, 새로운 언어를 배운다거나, 무술 연습, 테니스 스윙 연습, 골대에 농구공 던지기, 다트 던지기, 포켓볼이나 당구 등과 비슷한 활동을 시도해 볼 수 있습니다.
- 7로 나누어지는 숫자(예: 210)를 고르고, 그 숫자에서 0까지 거꾸로 세어 봅니다. 만약 실수하면, 최대한 0이 될 때까지 세어 보세요. 이 게임을 하면 나 자신의 산술 능력에 대한 수치심이나 판단은 잠시 내려놓을 수 있을 것입니다!

강한 자극을 통해 주의 전환하기

주의 전환에 유용한 또 다른 방법은 당신의 주의를 끄는 강한 자극을 경험하는 것입니다. 이를테면 시끄럽고 자극적인 음악은 수치심과 같은 강한 감정으로부터 주의를 다른 곳으로 돌릴 수 있습니다. 심부 조직마사지(근육의 깊은 부위에 접근하여 치료하는 마사지)는 자극을 주는 동시에 이완을 돕기 때문에 수치심과 관련된 경험과 생각에 빠져 있을 여유가 없을 것입니다. (우리의) 시각, 미각, 촉각, 후각, 청각 등 오감을 생각해 보세요. 수치심과 관련된 경험과 생각에서 잠시 벗어날 수 있는 강한 자극을 경험할 수 있는 방법을 생각해 보세요. 다음은 몇 가지 제안입니다.

- 시각: 아름다운 일몰이나 일출을 보기, 밝은색의 꽃을 보기, 흥미로운 자연 풍경이나 동물을 보기, 흥미롭고 재미있는 텔레비전이나 동영상을 시청하기
- 미각: 신맛이 나는 사탕을 빨기, 레몬이나 라임 조각 깨물기, 맵거나 향이 강한 음식 먹기, 민트 껌, 신맛 나는 껌, 시나몬 껌 등 향이 강한 껌을 씹기, 좋아하는 식사 또는 정말 맛있는 디저트 먹기
- 촉각: 마사지를 하거나 다른 사람에게 마사지 받기, 고양이나 개를 쓰다듬기, 거친(또는 매끄러운) 표면을 손으로 문지르기, 스트레스 공을 쥐거나 슬라임 가지고 놀기, 맨손으로 눈덩이 만들기, 얼음을 담은 냉동용 지퍼백을 쥐고 있기(통증을 느끼지 않을 정도로), 따뜻한 찻잔이나 커피잔을 손으로 감싸기(통증이 느껴질 정도로 뜨겁지는 않게), 누군가와 포옹하기
- 후각: 강한 향이 나는 꽃, 아로마 테라피용 양초 아니면 오일, 갓 구운 빵 종류, 향수나 콜로뉴(화장수), 커피나 원두, 찻잎, 식초, 레몬이나 라임 같은 신맛 나는 과일 등 냄새 맡기
- 청각: 시끄럽고 자극적인 음악 듣기, 사람들이 많이 모여 있는 시끄러운 장소(놀이터, 스포츠 경기를 하는 곳, 콘서트, 혹은 이와 비슷한 장소 등)에 가기, 휴대폰이나 사운드 앱에서 나오는 다양한 소리 듣기, 거친 물건을 사포처럼 문질러서 나는 소리 들어 보기, 자연의 소리, 사람이 많은 도시의 붐비는 시장 소리 등 이목을 끄는 흥미로운 소리가 담긴 오디오 클립을 듣거나 동영상 보기 등

기여하기를 통한 주의 전환하기

기여하기(contributing)는 DBT 기술 중 하나로, 다른 사람이나 무언가를 돕는 행위를 말합니다. 다른 사람의 필요를 충족시키는 일에 집중하는 것은 수치심이나 관련 경험을 잠시 떨쳐 버릴 수 있는 좋은 방법이 될 수 있습니다. 예를 들어, 반려동물을 돌볼 때는 이 동물이 필요로 하는 것에 집중하게 되므로, 자신의 감정이나 생각에 신경을 덜 쓰게 됩니다. 마찬가지로 자원봉사에 참여하거나 다른 사람의 일을 돕는 등의 활동을 할 때도 수치심에서 일시적으로 잠시 벗어날 수 있습니다. 더 나아가 다른 이를 돕는 행위 자

체가 자기 존중감을 높이고 기분을 좋게 만들어질 수 있습니다. 다음은 '기여하기' 기술을 사용하여 수치심에서 주의를 돌리는 방법들입니다. 이 방법들은 일상에서 간단히 실천할 수 있는 작은 활동과 좀 더 많은 노력이 필요한 큰 활동으로 나누어집니다.

일상에서 간단히 실천할 수 있는 '기여하기' 활동

- 다른 사람의 작업을 도와주기(예: 스마트폰 사용법 알려 주기, 짐 들어 주기, 잔디 깎기, 집 앞 차도에 쌓인 눈 치우기 등)
- 누군가를 차로 태워다 주기
- 문을 열어 주는 작은 배려 실천하기
- 누군가의 글(에세이, 숙제, 또는 이력서 등) 편집을 도와주기
- 직접 요리한 음식 대접하기
- 혼자 살거나 힘든 시간을 보내고 있는 사람 방문하기
- 단순히 안부를 묻거나, 응원의 말을 건네기 위해 전화하기

좀 더 많은 노력이 필요한 '기여하기' 활동

- 봉사활동에 참여하기
- 어떤 종류의 캠페인이든 (참가해서) 도와주기
- 자신이 중요하게 여기는 분야에 시간과 정성을 쏟거나 기부하기
- 직장에서 다른 동료들이나 조직을 돕기 위한 새로운 아이디어나 프로젝트 제안하기
- 자신의 경험을 공유하며 다른 사람들에게 도움을 줄 수 있도록 블로그 작성하기
- 내가 가치 있다고 생각하는 활동을 할 수 있는 직업을 찾거나 다른 사람을 도울 수 있는 일자리 찾기

이런 활동들을 할 때 가장 중요한 것은 온전히 몰입하는 것입니다. 어떤 경험에 온전히 몰입하는 것은 DBT의 마음챙김 기술 중 하나로 제5장에서 배웠던 내용입니다. 해당 장에서 설명했듯이, 이 활동에 진심으로 전념하여 자신의 온 정신을 쏟는 것이 중요합니다. 당신이 숲속을 산책하러 갔다고 가정해 봅시다. 흥미로운 풍경과 야생동물에 주의를 기울이는 대신에 산책 내내 속상한 생각만 하고 있다면, 그 산책이 과연 도움이 될까요? 아마 산책을 다녀와도 여전히 비참한 기분이 그대로 남아 있을 것입니다! 따라서

주의 전환하기 기술의 핵심은 '몰입'입니다. 수치심 또는 수치심을 야기하는 원인으로부터 잠시라도 마음의 휴식을 얻으려면, 반드시 하는 활동에 온전히 집중해야 합니다. 지금 하고 있는 활동 및 그 순간의 경험에만 온전히 주의를 집중하도록 해 주세요.

[연습 6-1]은 상황을 악화시키는 행동을 대신할 수 있는 주의 전환 활동을 계획하는 데 도움이 됩니다. 이 연습을 통해 과거에 수치심을 느꼈던 상황을 떠올려 보고, 그때 상황을 악화시켰던 행동이 무엇인지 생각해 본 다음, 앞으로 그 행동을 대체할 주의 전환 활동을 계획해 보세요.

연습 6-1 주의 전환 활동 계획 세우기

보통의 강도로 견디기 어려운, 심한 수치심을 느끼는 일반적인 상황을 기술하여 봅시다. 또한 과거에 수치심에서 벗어나기 위해 했던 행동 중 오히려 상황을 더 악화시켰던 행동도 기록해 보세요. 그런 다음, 그 행동 대신 할 수 있는 주의 전환 활동을 적어 보세요. 쉽게 할 수 있으면서도 잠시 동안 수치심에 대한 생각이 들지 않을 만큼 흥미로운 활동을 생각해 보는 것입니다. 이제 우리는 '상황을 악화시키는 행동'을 주의 전환 활동으로 대체할 것입니다. 이 활동지를 사진으로 찍거나 스캔 혹은 복사를 해 두면 필요할 때마다 활용 가능한 당신만의 주의 전환 활동 계획을 (꺼내서) 사용할 수 있습니다.

강한 수치심을 느끼는 일반적인 상황

수치심에서 벗어나기 위해 했던 행동 중 상황을 더 악화시킨 행동들

상황을 악화시키는 행동 대신 할 수 있는 주의 전환 활동

현실 수용 기술로서의 온전한 수용

위기 생존 기술(구체적으로는 주의 전환 기술)과 마찬가지로, 현실 수용 기술도 상황을 악화시키지 않도록 도와주지만, 그 방식은 약간 다릅니다. 현실 수용 기술의 기본 개념은 정서적 고통과 육체적 고통은 삶의 정상적인 한 부분이며, 대부분 피할 수 없는 것이라는 점입니다. 수치심의 강도와 빈도를 낮춰 주는 기술이 있어도, 수치심이나 수치심을 일으키는 상황을 완전히 피하는 것은 불가능하죠. 수치심을 경험하는 것은 인간이라면 누구나 겪는 일입니다.

하지만 수치심을 느낄 때 당신이 받는 고통의 강도를 줄이기 위해 할 수 있는 일은 존재합니다. DBT 관점에서 보면, 고통이란 고통을 수용하기를 거부할 때 발생하기 시작합니다. 예를 들어, 내가 수치심을 경험하고 있다는 사실을 받아들이지 않거나, 그러한 감정을 부정하거나, 수치심을 느낀다고 스스로를 판단하거나, 나에게 수치심을 '유발한' 다른 사람들에게 원망과 분노를 품을 때, 당신은 더 큰 고통을 경험하게 될 가능성이 큽니다. 그 대신 '지금 나는 수치심을 느끼고 있다.'라는 사실을 인정하고 받아들이면 어떨까요? 고통스럽겠지만 그래도 일단 수용을 했으니 당신은 그 감정을 다룰 수 있는 전보다 훨씬 더 나은 상황에 놓이게 된 것입니다. 내가 처한 상황과 현재 수치심을 경험한다는 것을, 적어도 이 순간만큼은 받아들이는 것이 이 책에서 소개하는 다양한 수치심 관련 기술을 활용하는 첫걸음이 될 수 있습니다. 그러면 결과적으로 당신이 겪는 고통은 덜어질 것입니다. 이것이 바로 현실 수용 기술이 도움이 되는 부분입니다. 이제 이 기술 중 하나인 '온전한 수용 기술'을 집중적으로 알아보도록 하겠습니다.

예를 들어, 당신이 연인이나 친구에게 의도치 않게 상처되는 말을 했다고 가정해 봅시다. 너무 화가 나고 답답해서 그런 말이 자신도 모르게 입 밖으로 나온 거죠. 말을 꺼내기 무섭게 당신은 스스로가 한 말을 후회하고, 수치심이 서서히 몰려오는 것을 느낍니다. 그때 당신의 머릿속에는 '나는 정말 형편없는 친구야.' '나는 너무 못된 사람이야.' '나는 항상 일을 망치고 스스로를 통제하지 못해.' '이제 친구가 나를 싫어하고 나와 함께 있고 싶어 하지 않겠지.'라는 생각이 스쳐 지나갈 수 있습니다. 속이 철렁 내려앉는 느낌이 들고, 얼굴이 화끈거리며, 근육은 긴장되어 당장 이 자리를 떠나 방에 틀어박혀 숨어 버리고 싶은 마음도 듭니다.

당신이 이미 후회할 말을 해 버린 상황에서 어떻게 하면 더 큰 고통을 피할 수 있을까요? 이를 위한 한 가지 방법은 바로, 잠시 한 발 물러서서 현재의 상황을 있는 그대로 인정하는 것입니다. 이것이 '온전한 수용'의 핵심입니다. 당신은 스스로에게 이렇게 말할 수 있습니다. "나는 정말 의도하지 않은 말을 해 버렸어. 내가 그런 말을 한 것이 후회되고, 지금 수치심이 몰려오고 있어. 이 감정이 정말 고통스럽고, 어떻게든 없애 버리고 싶어." 이처럼 당신의 감정을 부정하는 대신 있는 그대로 인정하고 받아들이는 것이 온전한 수용의 핵심입니다. 그런 다음, 이 상황에서 어떻게 해야 할지 고민해 볼 수 있겠죠. 친구에게 연락해서 사과하기, 상황을 바로잡을 방법을 찾기, 공감대를 형성하기, 이 책에서 배운 DBT 기술을 활용하기 등 건설적인 해결책을 생각해 볼 수 있습니다. 반대로 당신이 수치심에 휩싸여 허우적거리거나, 자신을 비난하고 비판하며, 스스로의 감정을 부정하고 외면하여 상황을 회피하려고 한다면, 더 큰 고통을 겪게 될 가능성이 큽니다. 그러면 정작 문제를 해결하기 위한 행동은 시도조차 못할 수도 있겠죠.

'온전한 수용'이라는 개념을 처음 접하는 사람들은 '이게 왜 도움이 될까?' 하는 의문을 품는 경우가 많습니다. 그 이유는 바로 '수용'이라는 단어 때문입니다. 아직 DBT에 익숙하지 않은 사람들은 이 단어를 보고 마치 우리가 고통스러운 상황을 좋아해야 한다거나, 부당한 대우를 그냥 받아들여야 한다거나, 수치심을 긍정적으로 여겨야 한다는 뜻으로 잘못 생각할 수 있습니다. 하지만 그런 뜻이 아닙니다.

DBT에서 말하는 수용이란 당신이 경험하고 있는 고통을 '승인(approval)'하는 것을 의미하지 않습니다. 즉, 자신이 겪고 있는 고통을 좋아하거나, 인정해야 한다는 뜻이 아닙니다. 따라서 당신이 굳이 이러한 감정이나 상황을 좋다고 인정하지 않아도 '지금 수치심을 느끼고 있다'라는 사실과 '수치심을 느끼게 만든 상황이나 경험'을 수용할 수 있습니다. 만약에 누군가가 당신의 정체성을 비판하거나 "너는 이런 부분이 문제야."라고 비난했다고 해 봅시다. 당신이 그 상황을 온전히 수용한다고 해서 그들의 행동이 옳다고 인정해야 하는 것은 아닙니다. 대신, 그 일이 실제로 일어났다는 사실, 그로 인해 내가 느끼는 감정, 그리고 이 상황이 나에게는 어렵고 고통스럽다는 것을 인정하는 것을 의미합니다. '나는 수치심을 느끼고 있다.'라고 인정하고 수용하는 것은 '내가 수치심을 느껴 마땅하다.'거나 '내가 느끼는 부정적인 판단들이 사실이다.'라는 뜻이 아닙니다.

온전한 수용 연습하기

수치심이 얼마나 고통스럽고 어려운지 생각을 해 보면, 도대체 어떻게 온전한 수용을 할 수 있는 건지 의아해할 수 있습니다. 다행히도 이 기술을 연습할 수 있는 몇 가지 방법이 있습니다. 다음은 우리가 추천하는 몇 가지 실천 방법입니다.

수용하고 싶은 사실을 중립적으로 혹은 부드러운 목소리로 소리 내어 말하기 판단하지 않고 그냥 사실만을 말해 보세요. 예를 들어, 친구에게 후회할 말을 했다면 이렇게 말할 수 있습니다. "나는 샌디(Sandy)에게 정말 후회되는 말을 해 버렸어. 그 말은 비판적이었고, 내가 원래 하고 싶었던 말이 아니었어. 돌이킬 수 있다면 좋겠지만, 이미 일어나 버린 일이야. 나는 지금 수치심을 느끼고 있고, 그냥 방에 혼자 틀어박혀 있고 싶어. 너무 부끄러워서 샌디에게 다시 연락하고 싶지 않은 기분이야."라고 자신의 감정을 부정하지 않고, 있는 그대로 말하는 연습을 해 보세요.

수용하고 싶은 내용을 글로 적어 보기 앞의 연습(소리 내어 말하기)처럼 자신이 수용하고 싶은 것을 글로 적어 보세요. 사실에 집중하여 판단은 배제하고, 당신의 생각과 감정, 그리고 당시의 상황을 써 나가 보는 것입니다. 지금 한번 해 보세요. 당신이 경험한 수치심과 수치심을 불러일으킨 그 상황의 세부적인 부분까지 적어 보세요.

'만약 내가 이 상황을 수용한다면?' 어떤 것이 달라질지 상상하기 지금 당장 수용하는 것이 어렵더라도 괜찮습니다. 준비가 되지 않았다고 생각되면 굳이 지금 당장 수용하지 않아도 됩니다. 하지만 당신이 수용한다면 어떤 것들이 달라질 수 있는지 상상은 해 볼 수는 있습니다. 예를 들어, 친구에게 후회할 만한 말을 해 버렸다고 합시다. '내가 만약 이 상황을 수용한다면?' '그렇다면 나는 어떤 행동을 할 수 있을까?'라고 상상해 볼 수 있을 것입니다. 어쩌면 온전한 수용을 좀 연습한 후, 샌디에게 전화를 걸어 허심탄회하게 대화를 나누어 보거나, 자신이 왜 그렇게 말했는지 솔직하게 이야기하고, 친구의 기분을 들어 보는 것을 상상해 볼 수도 있습니다. 이제 당신의 상황을 떠올려 보세요. 내가 경험한 상황에서, 만약 수용을 한다면 어떤 변화가 생길까요? 수용을 통해 할 수 있는 행동이나 해결책은 무엇인가요? 이 내용을 직접 적어 보면서 연습해 보세요.

수용하는 자세를 취하면서, 수용하기 어려운 상황을 떠올려 보기 DBT에서 수용하는 자세(accepting posture)는 몸을 편안하게 열어 두는 전략을 포함합니다. 의자에 앉아 있을 때는 긴장을 푼 채 편안하게 앉습니다. 손바닥을 위로 향하게 두고 손은 무릎 위나 의자의 팔걸이에 가볍게 놓습니다. 어깨, 얼굴, 목의 근육을 이완시키면서 몸에 힘을 빼도록 합니다. 이 자세를 유지하며, '모든 것이 괜찮을 거야.'라는 메시지를 뇌에 보내는 것입니다. 이 방법을 보다 효과적으로 하고 싶다면 살짝 미소 짓기(half-smile)를 해 보세요.

살짝 미소 짓기는 또 다른 DBT 기술입니다. 살짝 미소 짓기는 너무 크게 웃거나 작위적으로 미소를 짓는 것이 아닙니다. 모나리자 그림 속 미소처럼, 입꼬리를 살짝 올리는 정도의 미소를 말합니다. 이 미소는 뇌에 '나는 안전하고, 모든 것이 다 괜찮아 질 거야.'라는 신호를 보냅니다. 이제 부드럽게 양 입꼬리를 올리고, 수용하기 힘든 것들을 머릿속으로 떠올려 보세요. 그 상황과 관련된 생각과 이미지를 떠올려 보세요. 떠오르는 감정을 있는 그대로 느껴 보세요. 머릿속으로 스쳐 가는 생각을 그대로 경험해 보세요. 이 연습을 통해 현재의 감정을 억누르지 않고 있는 그대로 받아들이는 연습을 할 수 있습니다.

온전한 수용을 위한 팁

온전한 수용을 하기 위해서 고려해야 할 몇 가지 팁이 있습니다.

첫 번째 팁은 이 기술은 과거에 있었던 상황이나 경험, 또는 현재 일어나는 일에 대해서 사용하는 것이 제일 효과가 좋다는 것입니다. 아직 일어나지도 않은 미래의 일을 온전히 수용하는 것은 말이 되지 않을 테니까요!

두 번째 팁은 온전한 수용을 마치 연습처럼 생각하는 것입니다. 스스로에게 '나는 수용할 수 있어.'라고 자신을 설득한다고 해서 온전한 수용이 되는 것은 아닙니다. 온전한 수용은 지속적인 연습이 필요합니다. 계속해서 연습해야 하죠. 마치 건강을 유지하는 것과 같습니다. 하루만 운동하고 마라톤을 뛸 수 없고, 역도 들기 대회에 나갈 수 없는 것과 같습니다. 운동을 꾸준히 해야 체력을 유지할 수 있는 것처럼, 수용도 반복적인 연습이 필요합니다. 어떤 날은 긍정적인 변화를 느낄 수도 있지만, 때로는 후퇴하는 것처럼 느껴질 수도 있습니다. 수용도 마찬가지입니다. 어떤 날은 받아들이기 어려운 일을 수용할 수 있을 것 같다가도, 또 어떤 날은 더 힘들게 느껴질 수도 있습니다. 하지만 꾸준히 연습한다면, 고통과 수치심이 줄어드는 것을 느낄 수 있을 것이라고 확신합니다.

자기 수용와 자기 자비

온전한 수용을 연습하는 또 다른 방법은 수용의 기술을 자기 자신에게 적용하는 것입니다. 수치심은 자신을 받아들이기 어렵게 만드는 감정 중 하나입니다. 만약 당신이 자신에 대해 수치심을 느낀다면, 아마도 당신은 스스로를 수용하지 못하는 상태일 것입니다. 대신, '나는 이래서는 안 돼.'라고 생각하고 있을 가능성이 큽니다. 따라서 자기 자신에게 온전한 수용을 연습하면 당신의 수치심을 조금씩 줄이고 깨뜨려 나갈 수 있습니다.

하지만 단순히 '나는 나를 받아들인다.'라고 스스로에게 말하는 것만으로는 충분하지 않습니다. 그렇게 해서 효과가 나타나지 않습니다. 대신, 자기 자신을 받아들이는 것처럼 행동하고, 자신에게 연민을 베푸는 것처럼 행동하는 것이 가장 좋은 연습 방법입니다. 여기에 몇 가지 방법을 소개하겠습니다.

자신의 감정, 생각, 의견을 진지하게 받아들이기 당신이 생각하고 느끼는 것이 중요한 것처럼 행동하세요. 스스로에게 "내가 이렇게 생각하고 느끼는 것은 충분히 이해할 만한 일이야."라고 말해 주세요. 예를 들어, 직장 동료가 여러 사람이 있는 미팅에서 당신을 공개적으로 비판했다고 해 봅시다. 당신은 상처받고, 수치심을 느끼고, 창피한 기분이 들 수 있습니다. 또한 동료의 행동이 무례하고 부적절했다고 생각할 수도 있습니다. (이때) 당신은 제9장에서 살펴볼 '관계에서 수치심을 다루는 기술'을 사용하여, 자신의 욕구와 의견을 진지하게 받아들이기로 결심하세요. 그리고 그 동료에게 커피를 함께 마시자고 제안하여, 그가 당신에게 했던 말과 당신이 느낀 감정에 대해 대화하는 기회를 가져 보세요.

자신에게 솔직해지기 만약 자신에 대해 판단하거나, 어떤 부분에 대해 수치심을 느낀다면, 스스로를 외면하지 마세요. 자신의 몸에 대해 수치심을 느낀다면, 열린 마음으로 연민과 호기심을 담아 자신을 바라봐 주세요. 자신의 성 정체성에 대해서 수치심을 느낀다면, 당신의 정체성을 긍정적으로 지지해 줄 수 있는 활동에 참여하세요. (스스로를 지칭할 때) 편안하게 느끼는 대명사를 쓰고, 다른 사람들에게 나를 표현할 때도 그 대명사로 표현해 보세요. 나 자신에게 내 정체성의 본질은 원래 이렇고, 잘못된 것이 아니라고 말해 보세요.

자신을 격려하기 자신에게 친절해지는 방법 중 하나는 자신을 격려하고 긍정적으로 대하는 것입니다. 수치심은 당신을 깎아내리거나 낙담시킬 수 있습니다. '나는 해낼 수 없어.' '나는 감당할 수 없어.'라는 생각이 들 수도 있습니다. 그런 생각은 접어 두세요! 대신에 자신에게 용기를 북돋아 주는 말을 해 보세요. 나는 할 수 있다고 말할 수 있는 방법을 찾아보세요. (이 문제가 무엇이든 간에) "나는 이 문제를 해결할 수 있어." "나는 이 힘든 상황을 견딜 수 있어." "나는 이 고통스러운 감정도 다룰 수 있고, 능숙하게 대처할 수 있어."라고 말해 보세요. 이 기술을 연습하는 한 가지 방법은, 과거에 겪었던 정말 힘들었던 순간을 떠올리는 것입니다. 그때도 결국은 이겨 냈다면, 지금도 해낼 수 있습니다. 스스로에게 이렇게 말해 보세요. "그때도 이겨 냈잖아. 이번에도 해낼 수 있어."

자신을 환대하기 환대는 거부와는 정반대의 말입니다. 수치심은 나 자신을 거부하고 싶게 만듭니다. 그러니 자신을 환대해 주세요. 이를 실천하는 한 가지 방법은 당신의 집 문을 열어 놓는 상상을 하는 것입니다. 밖은 춥고 비가 오는데, 문을 열었더니 당신이 거기에 서 있는 거죠. 비를 맞고 있는 자신을 비에서 구해 주듯, 문을 열어 들어오게 하세요. 자신에게 따뜻한 음료를 대접하고 포옹해 주세요. 자신을 존경받고 사랑받는 손님처럼 대하세요.

자신에게 자비 실천하기 자기 자비를 실천할 수 있는 방법은 다양합니다. 이에 대한 자세한 내용은 이 웹사이트(https://self-compassion.org/)를 참조해 보는 것도 좋습니다. 지금 도움이 될 만한 방법을 한 가지 소개하면 다음과 같습니다. 편안한 자세로 앉아 가슴 윗부분에 손을 얹으세요. 가슴에 닿는 손의 온기를 느끼고 가볍게 누르는 압박감도 느껴 보세요. 이제 조용히 자신에게 따뜻한 말 한마디를 건네 보세요. "내가 편안해지기를." "내 삶이 행복해지기를." "내가 기쁨을 경험할 수 있기를." "내가 안정된 느낌을 가질 수 있기를." 그 자세를 유지하면서, 마음챙김을 하며 그 말을 원하는 만큼 반복하세요. 자신에 대한 따뜻함이나 친절함을 느낄 수 있는지 살펴보세요. 가슴에서 이러한 감각을 느낄 수 있고, 다른 부위에서도 이러한 느낌을 느낄 수 있습니다. 아무것도 느껴지지 않아도 괜찮습니다. 자기 자비란, 자신에게 따뜻함과 연민을 느끼는 것처럼 행동하는 것입니다. 이러한 감정이 생길 때까지 여러 번 연습이 필요할 수 있습니다.

앞으로 나아가기

이 장에서는 수치심을 느낄 때 상황을 더 악화시키지 않기 위해 사용할 수 있는 여러 가지 기술을 배웠습니다. 이러한 기술은 DBT 고통 감내 기술이라는 보다 넓은 범주에 속하며, 우리는 (이 중에서) 특히 주의 전환과 온전한 수용을 다루었습니다.

우리가 다루는 모든 기술과 마찬가지로 주의 전환과 온전한 수용은 연습이 필요합니다. 수치심을 크게 느끼지 않을 때도 이를 연습해서, 실제로 수치심을 느낄 때 더 잘 활용할 수 있도록 하세요.

또한 고통 감내 기술이 항상 당신의 기분을 나아지게 하는 것은 아니라는 점을 기억하세요. 어떨 때는 이 기술들이 수치심을 조금 덜어 주고 고통도 줄여 주지만, 어떨 때는 별다른 차이가 없을 수도 있습니다. 별다른 차이를 느끼지 못한다면 자신에게 물어보세요. '내가 상황을 더 악화시키는 것은 아니었나?'라고요. 만약 대답이 '아니요.'라면 그 기술은 효과가 있었다고 볼 수 있습니다.

이번 장에서는 수치심을 느낄 때 상황을 더 악화시키지 않도록 하는 기술을 배웠습니다. 다음 장에서는 수치심과 함께 나타나는 자신에 대한 불쾌한 생각과 판단을 다루는 기술을 배울 것입니다.

제7장

수치심에 대한 팩트 체크하기

수치심을 촉발하고 동반하는 생각들

팩트 체크하기 연습을 위한 단계

앞으로 나아가기

이번 장에서는 수치심과 관련된 중요한 문제 중 하나인 자신에 대한 부정적인 믿음과 판단을 다루는 방법을 소개합니다. 자기 자신이 나쁘거나, 결함이 있거나, 어떤 방식으로든 받아들여질 수 없다고 생각하지 않는다면 수치심을 경험할 확률은 낮습니다. 대부분의 경우 이러한 부정적인 자기 판단이 수치심에 기름을 붓습니다. 이러한 이유 때문에 수치심을 다루는 가장 좋은 방법 중 하나는 바로 이러한 생각들을 다룰 수 있는 기술을 사용하는 것입니다. 바로 그것이 DBT 기술인 팩트 체크하기(Linehan, 2015)의 핵심입니다.

수치심을 촉발하고 동반하는 생각들

제1장과 제3장에서 모든 감정은 신체적·인지적·행동적 요소로 이루어져 있다고 한 부분을 기억할 것입니다. 이 요소들은 마치 교향곡의 각 부분처럼 함께 협동하여 감정이라는 음악을 만들어 냅니다. 인지적인 부분의 스타일, 악기, 템포는 행동적인 부분과 신체적인 부분에 영향을 미치며, 그 반대의 경우도 마찬가지입니다. 아마 기억하겠지만, 인지적인 부분의 주특기, 즉 모든 감정의 인지적 요소가 초점을 두는 것은 우리 자신, 세상, 우리의 삶, 그리고 다른 사람들에 대한 생각입니다.

감정은 특정한 종류의 생각들을 동반합니다. 여기에 몇 가지 예시가 있습니다.

- **분노**: 불공평함과 부당함을 느끼거나 또는 위협을 받는다는 생각은 종종 분노를 동반합니다. 무언가가 나를 방해하거나 나의 중요한 목표를 달성하는 데 방해가 된다는 생각도 분노를 동반하고 증폭시킬 수 있습니다.
- **불안**: 불안에 수반되는 생각은 부정적이거나, 불확실한 사건에 대한 걱정 또는 염려로 이루어져 있는 경우가 많습니다. 자신이 걱정을 많이 하고 있다면, 불안을 느끼고 있을 가능성이 높다고 할 수 있습니다.
- **공포**: 불안과 마찬가지로 공포에는 보통 자신의 건강, 생명, 또는 안녕에 대한 위험에 대한 생각이 같이 따라옵니다. 공포는 우리를 위험으로부터 보호해 주기 위해서 존재합니다. 따라서 우리가 위험에 처했다고 생각이 들면 공포를 느끼고 자신

을 보호하고 싶다고 느끼게 됩니다.

- **슬픔**: 슬픔에 동반하는 생각은 종종 상실감과 실망감이라는 주제를 가지고 있습니다. 혼자 남겨졌다는 생각, 사랑하는 이가 떠나 버렸거나 당신의 곁에 있어 주지 않았다는 생각, 아니면 원하는 대로 일이 풀리지 않는다는 생각이 있을 수 있습니다.

수치심은 자신에 대한 전반적(global)이고 부정적인 생각과 판단을 동반하는 경향이 있습니다. 판단이 전반적이라는 것은 그것들이 매우 광범위하고 일반적으로 적용되는 경우를 의미합니다. 예를 들어, 나는 '나쁜 사람'이라는 생각은 자신에 대한 전반적인 판단입니다. 이것은 일반적이며 특정한 상황에만 국한되지 않습니다.

우리는 수치심을 '자의식적' 감정이라고 생각합니다. 왜냐하면 수치심은 보통 자기 자신에 대해서 특히 부정적으로 생각할 때 생기는 감정 중 하나이기 때문입니다. 수치심과 관련된 일반적인 생각들은 다음과 같습니다.

- 자신이 어떤 식으로든 나쁘거나, 가치가 없거나, 부족하다고 생각하는 것
- 자신이 자기 스스로나 타인에게 받아들여지지 않는다고 생각하는 것
- 다른 사람에게 거부당할 것이라고 생각하는 것
- 자신이 인생에서 좋은 것을 누릴 자격이 없다고 생각하는 것

보다시피 이 생각들은 부정적이고, 전반적이며, 너무나 일반적입니다. 사실 수치심과 관련된 생각들은 너무 일반적인 부분이 많아서, 그 의미를 파악하기가 어려울 때가 많습니다. 마치 교향곡에서 수치심 부분이 악기 한두 개만 가지고 곡의 똑같은 부분을 모두 단조로 반복하여 연주하는 것과 같습니다. 이 노래는 '나는 나쁘다.' 등과 같은 말을 반복하고 있는 것과 같죠. '나쁘다.'라는 것은 대체 무엇을 의미하는 것일까요? 당신이 정말 모든 방면에서, 모든 일과 관련해서, 모든 상황에서 다 나쁘다는 뜻입니까? 그럴 리가 없습니다. 그럼에도 불구하고, 이러한 생각은 당신은 정말 그러한 사람이라고 말하며, 그러한 마음의 짐을 떠맡고 있는 당신의 사기를 꺾어 버립니다. 더군다나 수치심은 인지적인 부분이 주도권을 잡기 때문에, 결과적으로 우울하고 고통스러운 교향곡이 만들어지게 됩니다.

이번 장에서는 '팩트 체크하기' 기술을 사용하여 전반적이고 부정적인 수치심과 관련

된 생각과 판단을 어떻게 다룰 수 있는지 배울 것입니다. 다음 그림에서 나와 있듯이, 수치심과 관련된 생각, 감정, 행동은 악순환을 통해 서로 영향을 주고받습니다. 특정 생각과 행동이 더 많은 수치심을 촉발하고 증폭시키는 방식의 순환법이죠. 또한 그림에서 볼 수 있듯이, 팩트 체크하기는 전체적인 사건의 인지적인 부분을 다루는 데 도움을 주고, 반대로 행동하기 기술(제8장에서 배우게 될 기술)은 행동적인 부분을 해결하는 데 도움을 줍니다. 팩트 체크는 수치심과 관련된 생각이 들 때 이 생각을 식별하고, 과연 이 생각이 상황에 맞는가를 생각하여(힌트: 거의 절대 맞지 않습니다!) 더 유연하고 자비로운 방식으로 생각할 수 있는 방법을 찾는 데 도움을 줍니다.

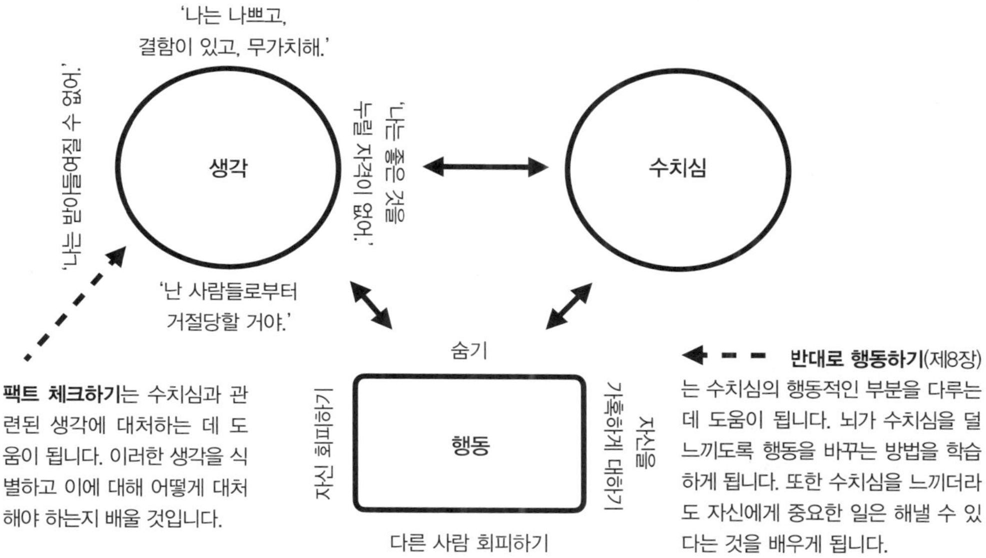

팩트 체크하기 연습을 위한 단계

마샤 리네한 박사가 쓴 『전문가를 위한 DBT 기술훈련 매뉴얼(2판)(DBT Skills Training Manual, 2nd ed.)』(Linehan, 2015)을 읽어 보았거나 DBT 기술훈련에 참여한 적이 있다면, 당신은 팩트 체크하기가 여러 단계로 이루어진 복잡한 기술 중 하나라는 것을 알고 있을 것입니다. 걱정하지 마세요. 이 기술을 네 가지 단계로 간단하게 나누어 설명할 것이므로, 이를 연습해 보면서 수치심과 관련된 생각에서 어느 정도 해방될 수 있을 것입니다. 여기에서 그 단계를 소개합니다.

- 1단계: 상황을 정확하고 비판단적으로 기술하기
- 2단계: 떠오르는 감정과 생각에 이름 붙이기
- 3단계: 위협이나 파국을 가정하고 있는지 자문하기
- 4단계: 현실적인 결과를 고려하기

이제 각 단계를 예시와 함께 살펴보고, 연습을 통해 각 단계에 익숙해지도록 합시다.

1단계: 상황을 정확하고 비판단적으로 기술하기

수치심을 경험할 때, 가능한 한 빨리 그 상황을 기술하는 글을 써 보세요. 먼저, 떠오르는 대로, 검열하거나 빠뜨리지 말고, 우선 기술하기 시작합니다. 그런 다음, 조금 쉬었다가 다시 기술한 내용을 읽어 보며 자신에게 이렇게 물어보세요. '나 자신이나 다른 사람에 대한 부정적이고 전반적인 판단이나 평가가 포함되었나?'라고 말입니다. 만약 그렇다면, 그것들을 제외하고 다시 기술해 보세요.

다음은 몰리(Molly)가 수치심을 느낀 상황에 대한 예시입니다. 몰리는 사회불안과 수치심으로 고통받고 있습니다. 몰리는 더 많은 사회적 활동을 하고 사교적이게 되려고 노력했지만, 그럴 때마다 자기 자신을 혹독하게 판단했고 결국 비참한 수치심의 악순환에 빠지게 되었습니다. [예시 7-1]은 몰리가 수치심을 느낀 상황을 기술한 초안 내용입니다.

[예시 7-1] 몰리의 상황 기술 초안

나는 8시 30분쯤 셰인(Shane)의 파티에 가기 위해 가기 싫은 몸을 억지로 끌고 겨우 아파트에서 나왔다. 내가 도착했을 때는 아니나 다를까 45분이나 늦었다. 나는 늘 지각이다. 내가 들어가니 모두가 나를 쳐다보았다. 나는 급하게 아무거나 걸쳐 입고 나가서 정말 초라하게 보였다. 모두가 나보다 훨씬 잘 꾸민 듯했다. 나는 파티에서 잘 어울리지 못해서 바로 셰인과 셰인의 파트너를 찾았고 그들만 쫓아다녔다. 그런데 내가 계속해서 내가 좋아하는 새로 나온 팟캐스트에 대해 이야기했기 때문에 다들 나한테 진절머리가 난 것 같다. 나는 조금 돌아다니다가 음식이랑 음료가 있는 테이블 주위를 어색하게 서성였고, 그런 다음 말을 좀 해 보려고 다시 자리로 돌아갔다. 내 목소리는 떨리고 있었고, 우스꽝스러웠다. 난 누구한테 어떤 말을 해야 할지 전혀 모른 채로 사람들과 좀 더 어색하게 섞여 있다가 결국 일찍 자리를 떴다. 집에 돌아와서 난 소파 위에서 웅크리고 있었다. 나는 정말이지 바보 머저리야. 아마 그 사람들은 이제 다시는 나를 초대하지 않을 거야.

다음에서는, 특히 판단적이거나 전반적이고 부정적인 문장을 찾아 삭제한 부분을 표시했습니다. 이 부분을 보기 전에, [예시 7-1]로 돌아가서 지울 만한 부분이 있는지 스스로 찾아보세요. 당신이 표시한 것과 우리가 표시한 것을 비교하여, 같은 부분을 모두 찾아냈는지 확인해 보세요.

나는 8시 30분쯤 셰인의 파티에 가기 위해 ~~가기 싫은 몸을 억지로 끌고~~ 겨우 아파트에서 나왔다. 내가 도착했을 때는 ~~아니나 다를까~~ 45분이나 늦었다. 나는 늘 지각이다. 내가 들어가니 ~~모두가 나를 쳐다보았다.~~ 나는 급하게 아무거나 ~~걸쳐 입고~~ 나가서 정말 ~~초라하게~~ 보였다. ~~모두가 나보다 훨씬 잘 꾸민 듯했다.~~ 나는 ~~파티에서 잘 어울리지 못해서 바로 셰인과 셰인의 파트너를 찾았고 그들만 쫓아다녔다~~. 그런데 내가 ~~계속해서~~ 내가 좋아하는 새로 나온 팟캐스트에 대해 이야기했기 때문에 ~~다들 나한테 진절머리가 난 것 같다.~~ 나는 조금 돌아다니다가 음식이랑 음료가 있는 테이블 주위를 ~~어색하게 서성였고,~~ 그런 다음 말을 좀 해 보려고 다시 자리로 돌아갔다. 내 목소리는 떨리고 있었고, ~~우스꽝스러웠다. 난 누구한테 어떤 말을 해야 할지 전혀 모른 채로~~ 사람들과 좀 더 ~~어색하게~~ 섞여 있다가 결국 일찍 자리를 떴다. 집에 돌아와서 난 소파 위에서 웅크리고 있었다. ~~나는 정말이지 바보 머저리야. 아마 그 사람들은 이제 다시는 나를 초대하지 않을 거야.~~

자, [예시 7-2]는 몰리의 상황 기술 초안을 수정한 버전입니다.

[예시 7-2] [예시 7-1]의 수정본

나는 8시 30분쯤 세인의 파티에 가기 위해 아파트를 나섰다. 내가 도착했을 때는 45분이나 늦었다. 내가 들어가니 다들 내 쪽을 쳐다봤고 나는 긴장했다. 나는 내가 입고 있는 옷이 별로 마음에 들지 않았다(옷을 갈아입을 시간이 별로 없었다.) 많은 사람이 정말 멋지게 차려입었다고 생각했던 것이 기억난다. 나는 사람들이랑 섞여 이야기를 나누는 것이 긴장되었기 때문에 셰인과 그의 파트너와 시간을 보냈다. 내가 좋아하는 새로운 팟캐스트에 대해서 말을 너무 많이 한 건 아닐까 걱정이 되었다. 조금 돌아다니다가 음식과 음료가 놓인 테이블 근처에서 시간을 좀 보낸 후 다시 나가서 잡담을 하려고 했다. 내 목소리는 떨리고 있었다. 사람들이 내가 긴장한 것을 눈치챌까 봐 걱정이 되었다. 할 말이 떠오르지 않아 힘들었다. 사람들과 조금 더 어울리다 결국 일찍 자리를 떠나 집에 돌아와서 소파에 웅크리고 누웠다. 사람들이 나와 함께한 시간이 싫었을까 봐 걱정이 되었다.

부정적이고 전반적인 판단과 문장을 모두 삭제했음에도, 여전히 내용은 다 장밋빛으로 빛나지는 않는다는 점을 당신이 이해하기를 바랍니다. 그날의 경험은 몰리에게는 힘든 일이었고, 우리는 수정본에서도 그러한 부분을 잘 나타내고 싶었습니다. 그래서 판단은 지우고, 몰리가 겪은 어려움과 불안만을 남겨 두었습니다. 또한 [예시 7-1]을 조금 더 친절하고 자비로운 방식으로 수정하는 것을 목표로 했습니다.

좋습니다. 이제 당신의 차례입니다. [연습 7-1]을 활용하여 당신이 수치심을 느꼈던 상황을 기술해 보세요.

연습 7-1 상황을 정확하고 비판단적으로 기술하기 연습 ① 초안 작성하기

당신이 수치심을 느꼈던 상황을 기술해 보세요. 머리에 떠오르는 대로 그냥 적으세요. 수정하거나 스스로를 검열하지는 마세요. 판단이 머리에 떠올라도 괜찮으니 그냥 써 내려가 보세요. 이것은 당신의 초안일 뿐입니다.

이제 초안을 작성했으니, 다시 돌아가 자신에 대한(혹은 자신의 삶이나 다른 사람들에 대한) 부정적이고, 전반적이며 판단적인 문장을 모두 지워 보도록 합시다. 자신이 지운 문장을 잘 살펴보고 [연습 7-2]에서는 좀 더 정확하고, 더 친절하고 자비로운 방식으로 수정본을 작성해 보세요. 만약 수정이 더 필요하다면, 다시 수정해도 괜찮습니다. 이 단계는 시간이 걸릴 수 있습니다. 완벽해야 한다고 생각하거나 완벽을 목표로 두지 마세요.

연습 7-2 상황을 정확하고 비판단적으로 기술하기 연습 ② 수정본 작성하기

당신이 수치심을 느꼈던 상황을 기술해 보세요. 이번에는 당신이 지웠던 말을 빼고 좀 더 정확하고, 어쩌면 조금 더 친절하고 자비로운 방식으로 수정본을 써 내려가 보세요.

[연습 7-1]과 [연습 7-2]를 여러 번, 다양한 상황에서 시도해 보세요. 그러면서 자신에 대한 부정적이고 전반적인 생각과 판단을 좀 더 잘 알아차릴 수 있었는지도 확인해 보세요. 어느 정도 연습을 하고 나면, 이러한 생각들을 더 빨리 알아차리게 될 것입니다. 어쩌면 일상에서 언제 이러한 생각이 떠오르는지도 알아차릴 수 있을지도 모르죠. 혹시 알아차리게 된다면, "그건 판단이야." "그건 수치심이 말하는 거야."와 같은 식으로 자신에게 말해 보세요. 그리고 그 생각을 좀 더 정확하고, 친절하고, 더 자비로운 말로 바꿔 말해 보세요. 마치 우리가 앞의 연습에서 한 것처럼요.

2단계: 떠오르는 감정과 생각에 이름 붙이기

팩트 체크하기의 또 다른 중요한 단계로는 떠오르는 감정과 생각에 이름 붙이기가 있습니다. 제1장에서는 수치심이 무엇인지, 그리고 수치심을 이루고 있는 요소들을 소개했고, 제3장에서는 당신이 경험한 수치심 패턴을 이해할 수 있도록 도움을 제공했습니다. 이제 당신은 어느 정도 연습을 했고, 수치심이 당신을 찾아올 때마다 수치심 징후를 좀 더 잘 알아차리게 되었다고 가정할 것입니다. 이번 단계에서는 제5장에서 배운 마음챙김에 관한 내용을 되짚어 보겠습니다. 생각을 '생각'이라고 이름을 붙이는 것이 얼마나 중요한지 설명했던 부분을 기억하나요? 바로 그것이 여기서 우리가 초점을 두고자 하는 부분입니다.

자, 우리의 머릿속을 스쳐 지나가는 수치심과 관련된 생각이 너무나도 고통스러운데, 어떻게 이런 생각을 그냥 '생각'이라고만 이름을 붙일 수 있을까요? 그것이 과연 가능할까요? 먼저, 편안한 장소에 앉거나 누워 보세요. 그런 다음, 마음속에서 한 걸음 물러나 자신이 무엇을 생각하는지 살펴보세요. 이 활동을 할 때 도움이 필요하면, 제5장의 [연습 5-1] 테플론 마인드 연습하기 부분을 참조하시면 됩니다.

이제 몰리의 예시를 다시 살펴보며, 몰리가 어떻게 수치심과 관련된 생각을 식별하게 되었는지 알아보겠습니다. 몰리가 파티에 간 이후 집으로 돌아왔을 때 몸을 웅크린 채 사라져 버리고 싶다고 느꼈다고 했죠. 얼굴에는 열감이 일고, 뱃속이 철렁 내려앉는 것처럼 느꼈다고도 했습니다. 이것들은 바로 몰리가 수치심을 느낀다는 징후였습니다.

스스로에 대한 부정적인 생각이 자신의 수치심에 불을 붙이고 있을 가능성이 크다는 것을 알았기에, 몰리는 자신의 생각을 다루어 보기로 다짐했습니다. 몰리는 몇 번 깊게 숨을 고르고, 핸드폰을 치우고, TV를 끄고, 편안한 자세로 앉은 다음, 자신의 머릿속에 떠오르는 말들에 귀를 기울였습니다. 몰리에게는 이러한 말(들)이 들렸습니다.

- 넌 너무 어색하고 이상해.
- 넌 사람들이랑 말하는 법을 몰라.
- 사람들은 너를 좋아하지 않아.
- 아마 사람들은 지금 너를 다시 초대하고 싶지 않다고 이야기하는 중일 거야.

생각은 이미지로도 나타납니다.

- 몰리는 자신이 다른 사람들보다 덜 스타일리쉬한 옷을 입고 파티장 문 앞에 도착한 모습을 떠올렸습니다.
- 몰리는 자신이 음식과 음료 테이블 옆에 어색하게 서서 바닥만 내려다보며 혼자 있는 모습을 떠올렸습니다.

아마 당신은 이 생각들이 몰리 자신에 대한 전반적이고 부정적인 판단이라는 점을 눈치챘을지도 모릅니다. 주로 스스로가 이상하고 남들에게 호감을 주지 못한다는 것이 이 생각들의 주제였죠.

자, 이제 당신의 차례입니다. [연습 7-3]을 하면서 한 걸음 뒤로 물러나서, 머릿속에 떠오르는 생각과 이미지를 알아차리고 기술해 보세요.

연습 7-3 판단을 알아차리고 기술하기

편안하고 조용한 장소를 찾아 숨을 몇 번 깊게 쉬어 보세요. 그리고 앞서 설명한 상황으로 다시 돌아가 보세요. 마음속으로는 그 상황에 자신을 놓고, 그때 어떤 단어와 이미지가 머릿속을 스쳐 지나가는지 알아차려 보세요. 그리고 그 단어와 이미지 중 전반적이고 일반적인 판단이 있는지 살펴보세요. 이러한 유형의 생각이 수치심과 가장 밀접한 관련이 있습니다. 떠오르는 판단을 목록으로 작성해 보세요.

이렇게 판단을 목록으로 나열하고 나면 스스로에 대해서 약간의 수치심을 느낄 수 있습니다. 정상적인 반응입니다. 앞서 언급했다시피, 이러한 유형의 생각들은 수치심을 불러일으키므로 이런 생각들과 마주하는 순간에 수치심이 들 수도 있겠죠. 우리는 당신이 이러한 생각에서 한 걸음 떨어져, 제5장에서 배웠던 기술을 사용하여 이 생각들은 그저 내 마음이 만들어 낸 판단일 뿐임을 상기시키기를 바랍니다. "이것들은 생각일 뿐(아픈 생각이긴 하지만), 사실이 아니야."라고 자신에게 말해 보세요.

3단계: 위협이나 파국을 가정하고 있는지 자문하기

팩트 체크하기 기술의 또 다른 단계는 바로 나에게 수치심을 불러일으킨 그 상황이 무언가 위태롭고 위험한 일로 이어질 것이라고 가정하고 있는지 자문(自問)해 보는 것입니다. 여기서 말하는 위협(threat)이나 파국(catastrophe)이 바로 그것입니다. '그 상황이 위험하다'는 것은 그저 당신이 당신의 머릿속 어디 한구석에서 생각하는 내용일 뿐일 수 있다는 것입니다. 예를 들어, 공포와 같은 감정들이 찾아올 때 대개 사람들은 그 상황이 자신의 건강과 안녕에 위협이 된다고 가정합니다. 높은 곳을 두려워하는 사람들이 자신이 떨어져서 죽을 것이라고 가정하는 것처럼요. 대중 앞에 서서 말을 하는 것을 두려워하는 사람들은 사람들이 어떤 식으로라도 자신을 비판하고 판단할 것이라고 가정할 수 있습니다. 수치심 또한 어떤 상황이 부정적인 결과를 초래할 것이라고 가정하는 것을 동반합니다. 대개 수치심에서 이야기하는 부정적인 결과는 보통 사회적 거부와 관련이 있습니다. 사람들이 나라는 사람, 혹은 내가 한 일 때문에 나를 버리거나 거부할 것이라는 생각 때문이죠.

다음은 몰리가 '위협을 가정하고 있나?'라고 자문했을 때 나온 생각입니다.

> 나는 셰인이 나를 더 이상 파티에 초대하지 않을 것이라고 생각하고 있다는 것을 알았다. 나는 셰인의 친구들 앞에서 셰인을 망신 주었기 때문에, 그리고 나는 이상하고 재미없는 사람이기 때문에 셰인이 더 이상 나와 놀고 싶어 하지 않을 거라고 생각했다. 나는 셰인이 나와 친구관계를 아예 끊고 싶어 할 것까지 걱정했다.

[연습 7-4]를 활용하여 자신이 위협을 가정하고 있는지 판단한 후, 만일 그렇다면 그것을 기술하는 연습을 하세요.

연습 7-4 위협을 가정하고 있는가

[연습 7-3]에서 기술한 상황을 떠올려 보세요. 그 상황이 당신에게 위험하거나 위협적인 것처럼 느껴지는지 생각해 보세요. 어쩌면 당신은 사람들이 당신을 좋아하지 않을까 봐 혹은 당신과 함께 있고 싶지 않거나 당신을 거부할까 봐 걱정할 수도 있겠죠. 아니면 자신에게 무언가 문제가 있어서 그로 인해 직장이나 학교에서 중요한 목표를 달성하지 못할까 봐 걱정할 수도 있습니다. 그 상황에서 무엇이 위협적이라고 느껴지는지 파악하고 다음 빈칸에 기술해 보세요.

위협을 평가한 후에 또 하나의 단계는, 그 상황이 파국으로 이어질 것이라고 가정하는지 더 깊이 탐구해 보는 것입니다. 위협이란 일어날 수 있는 부정적인 결과를 말하고, 파국이란 말 그대로 끔찍하고 무서운 부정적인 결과, 즉 최악의 시나리오를 말합니다. 몰리에게 위협은 셰인이 더 이상 자신과 같이 시간을 보내고 싶지 않아 하는 것일 수 있습니다. 몰리가 친구 한 명도 없이 완전히 외톨이가 되고, 이것이 결국 불행과 우울증으로 이어진다면 그것은 파국이라고 부를 수 있습니다.

몰리는 자신이 파국을 가정하고 있는지 아닌지 어떻게 알 수 있었을까요? 몰리는 자신에게 '만약 그러면 어떻게 될까(Then what)?'라고 계속해서 질문을 던지며 최악의 시나리오에 도달했습니다.

다음은 몰리의 예시입니다.

셰인은 더 이상 나랑 만나고 싶어 하지 않을 거야.

만약 그러면 어떻게 될까?

내가 없는 편이 더 재미있고, 내가 데리고 다니기 창피하다는 것을 알게 될 거야.

만약 그러면 어떻게 될까?

셰인은 내가 뼛속부터 이상한 사람이라는 걸 깨닫고 더 이상 나와 친구로 지내고 싶어 하지 않을 거야.

만약 그러면 어떻게 될까?

내 유일한 다른 친구도 똑같이 느낄 거고 나는 완전히 혼자가 되어 집에 앉아서 외롭게 TV나 보면서, 날 도와주는 사람 한 명 없이 지내게 되겠지.

만약 그러면 어떻게 될까?

나는 비참하고 우울해질 거야.

[연습 7-5]를 활용하여 스스로 한번 해 보세요.

연습 7-5 당신이 걱정하는 파국은 무엇인가

[연습 7-4]에 쓴 위협적인 상황 하나를 고르고, 파국에 다다를 때까지 스스로에게 '만약 그러면 어떻게 될까?'라고 계속 물어보세요.

위협 상황을 기술해 보세요.

'만약 그러면 어떻게 될까?' 기술해 보세요.

'만약 그러면 어떻게 될까?' 기술해 보세요.

'만약 그러면 어떻게 될까?' 기술해 보세요.

'만약 그러면 어떻게 될까?' 기술해 보세요.

당신이 (자신도 모르게) 가정한 위협이나 파국을 정확히 짚어 냈으니, 이제 그다음에는 무엇을 해야 할지 궁금할 것입니다. 한 가지 방법은 제5장에서 다룬 수치심을 다루는 마음챙김 기술로 돌아가 보는 방법이 있습니다. 제5장에서 했던 몇 가지 연습을 통해 이러한 생각을 경험하고, 그 생각이 들었다가 사라지도록 내버려 두세요. 그 생각들이 사라지도록 놓아 주고, 그것들이 사실이 아니라 단지 생각임을 이해하세요.

4단계: 현실적인 결과를 고려하기

위협과 파국에 대처하는 또 다른 방법은 가장 현실적인 결과가 무엇일지 고려해 보는 것입니다. 어떤 일이 일어날 가능성이 가장 높을까요? 몰리가 파티에서 불안감을 느꼈다고 해서 과연 셰인이 몰리와의 친구관계를 단절할 가능성이 있을까요? 몰리는 이 부분에 대해서 생각을 좀 해 보았고, 가장 현실적인 결과에 대해 다음과 같이 기술했습니다.

> 셰인은 오랫동안 내 곁을 지켜 주었고, 나를 잘 아는 친구야. 우리는 정말 가까운 사이야. 나도 (셰인이 어려울 때) 얘의 곁에 있어 줬고, 셰인도 내 곁에 있어 줬지. 내가 파티에서 힘들었다고 해서 셰인이 이제부터 날 초대하지 않겠다고 할 가능성은 낮아. 내가 불안감을 느끼긴 했지만 누구에게 욕을 하거나 비난을 하는 것처럼 진짜 문제가 되는 행동을 한 건 아니잖아. 아무도 나한테 (파티를) 떠나라거나 내가 그들을 짜증 나게 했다고 말하지 않았어. 셰인이 나를 다시는 초대를 하지 않을 만한 이유는 없는 거야. 셰인한테 내가 불안했지만 그럼에도 불구하고 파티에 갔다는 말을 하면, 셰인은 그런 나를 지지해 줄 거라는 게 사실 가장 현실적인 결과일 거야. 셰인은 분명 내가 와 줘서 기뻤을 테고, 그런 나를 자랑스럽게 여겼을 거야.

현실적인 결과를 생각해 보고 묘사해 보는 것이 쉽지는 않습니다. 특히 강한 수치심(또는 다른 감정들)을 느끼고 있을 경우라면 더더욱 그렇습니다. 강한 감정은 명확하게 생각하는 것을 어렵게 하지만 현실적인 결과를 떠올리려면 명확하게 생각해야만 합니다. 이 연습을 해 보기 전에, 현재 당신의 수치심 강도를 체크하여 보는 것을 추천합니다. 만약 수치심이 매우 강하다면, 제6장에서 설명한 기술을 사용해서 감정을 더 다루기 쉬운 수준으로 낮추는 것이 좋습니다. 감정을 다룬 후, 자신이 가진 지혜에 접근하여 명

연습 7-6 가장 현실적인 결과는 무엇인가

몰리의 예시를 참고해서, 수치심과 관련된 상황에서 일어날 가능성이 가장 높은 결과를 적어 보세요. 가장 현실적인 결과는 무엇일지 생각해 보세요. 이 작업을 할 때 도움이 되는 팁은 사람들이 좋은 의도를 가지고 있다고 가정하고, 자비로운 마음을 가지고 자신을 바라보는 것입니다. 이 두 가지 팁을 적용해 보면 좀 더 현실적인 결과를 생각해 낼 수 있을 것입니다.

확하게 생각할 수 있는 상태가 되어야 합니다. 그런 다음, [연습 7-6]을 활용하여 이번 장에서 다루었던 수치심과 관련된 상황의 가장 현실적인 결과를 기술해 보세요.

앞으로 나아가기

이번 장에서는 수치심과 관련된 생각을 다루는 방법들을 알아보았습니다. 수치심과 연관된 흔한 사고 패턴은 자신에 대한 전반적이고 부정적인 생각과 판단이었죠. DBT 기술인 팩트 체크하기는 이런 생각을 다루기 위한 기술이었습니다.

우리는 팩트 체크하기 기술의 네 가지 핵심 단계도 살펴보았습니다.

- 1단계: 상황을 정확하고 비판단적으로 기술하기
- 2단계: 떠오르는 감정과 생각에 이름 붙이기
- 3단계: 위협이나 파국을 가정하고 있는지 자문하기
- 4단계: 현실적인 결과를 고려하기

이 단계를 작업하는 것이 쉽지 않았을 수 있습니다. 팩트를 체크하는 과정은 나에 대해 조금은 기분 나쁜 생각을 마주하도록 하니까요. 그렇지만 나를 속상하게 하는 생각들에 대한 대책을 세우기 위해서는 먼저, 그 생각들을 마주해야만 합니다. 이제 당신이 수치심 경험의 가장 어려운 부분 중 하나를 다루는 좋은 출발을 했기를 바랍니다. 우리는 당신이 연습을 하면 할수록 당신이 더 자비롭고 친절하게 스스로를 바라보게 될 것이라고 믿습니다.

제8장에서는 또 다른 중요한 DBT 기술 중 하나인 반대로 행동하기에 대해 다룰 것입니다. 반대로 행동하기는 수치심을 다루기 위해 나의 생각을 바꾸기보다는, 행동을 변화시켜 수치심으로부터 자유로워지는 방법입니다. 팩트 체크하기와 마찬가지로 반대로 행동하기도 많은 연습을 필요로 하지만 수치심이 당신의 삶에 미치는 영향에서 벗어나고, 수치심으로부터 자유로워지기 위한 여정에서 가장 중요한 도구 중 하나가 될 것입니다.

제 8 장

반대로 행동하기 기술로 수치심 줄이기

반대로 행동하기의 기본 구조
수치심과 관련된 행동 충동에 반대로 행동하기
수치심에 반대로 행동하기 기술 연습하기
일상에서 반대로 행동하기 적용하기
앞으로 나아가기

DBT에서 팩트 체크하기 기술과 이 기술이 어떻게 수치심에 적용되는지에 대해 배웠으니, 이제 팩트에 부합하지 않는 감정을 조절하는 데 가장 도움이 되는 DBT 기술을 본격적으로 배워 볼 차례입니다. 제2장에서 배운 것처럼 DBT는 감정을 조절하기 위한 다양한 기술을 포함하고 있습니다. 이 기술들 중 다수는 감정들이 적응적이고 기능적이거나 유용한 것일 때 가장 도움이 되는 기술들입니다. 예를 들어, 슬픔을 느낄 때는 이 감정이 어떤 기능을 하는지, 이 감정이 우리에게 어떤 정보를 제공하는지 이해하고 이러한 감정을 온전히 경험하는 것이 도움이 됩니다. 이와 유사하게, 감정이 팩트에 부합하며 도움이 되는 경우에는 문제 해결 기술이나 수용 기술을 사용하는 것이 더 유용합니다.

이 책에서 우리가 계속해서 이야기해 왔듯이, 수치심은 우리가 경험하는 다른 감정들과는 다릅니다. 아무리 감정이라는 것이 적응적이고 유용한 면이 있다 하더라도, 수치심은 대개 전혀 도움이 되지 않고 적응적이지도 않기 때문이죠. 예를 들어, 수치심이 당신에게 '나는 나쁜 사람이다.' '사랑받거나 돌봄을 받을 자격이 없다.' 또는 '좋은 것을 누릴 자격이 없는 사람이다.'라고 말한다면, 전혀 도움이 되지 않습니다. 실제로 수치심은 주로 나에 대한 부정적인 판단과 평가에서 나오는 것이기 때문에, 그 순간 내게 '나는 결함이 있고 어딘가 잘못 되었고, 받아들여질 수 없는 사람이다.'라는 정보를 전달합니다. 이러한 정보는 전혀 도움이 되지 않습니다! 따라서 수치심을 관리하는 데 가장 유용한 기술은 DBT 정서 조절 기술, 즉 도움이 되지 않으며 팩트에도 부합하지 않는 감정 바꾸기 중 하나인 '반대로 행동하기'입니다(Linehan, 1993b).

당신이 이 책의 이전 장에서 배웠듯이, DBT의 반대로 행동하기 기술은 팩트에 부합하지 않거나 도움이 되지 않는 정서를 조절하는 데 이상적인 기술입니다. 이러한 수치심을 경험하거나 이 감정을 줄이기 위한 효과적인 기술을 찾고 계신다면 '반대로 행동하기'가 탁월한 선택일 수 있습니다.

반대로 행동하기의 기본 구조

반대로 행동하기는 감정이 우리에게 하라고 시키는 것과 반대되는 행동을 하거나, 그 감정에 따라오는 행동 충동에 반대되는 행동을 하는 것을 말합니다. 기본적으로 모든 감정은 신체적·인지적·행동적 요소로 이루어져 있기 때문에, 감정을 바꾸거나 조절하기 위한 방법은 그 구성 요소 중 하나를 바꾸는 것입니다. 반대로 행동하기의 경우에는, 당신이 감정이 시키는 것에 반대되는 일을 함으로써 감정의 행동적 요소를 변화시키는 것입니다. 이 기술을 여러 번 반복해서 연습하면 감정이 바뀌거나 감정의 강도가 약해지곤 합니다. 바로 그 순간에 바뀔 수도 있고, 시간이 지나면서 변할 수도 있죠. 수치심을 다루기 위한 기술을 사용해 보기 전에, 이 기술이 다른 감정을 조절할 때 어떻게 작용하는지 살펴보면 이 기술이 어떤 방식으로 수치심을 다루는 데 적용되는지 이해할 수 있을 것입니다.

공포증(phobia)이란, 어떠한 대상이나 상황에 대하여 갖는 강렬하고 비현실적인 두려움을 말합니다. 공포증에 나타나는 두려움은 지나치며, 팩트에도 맞지 않기 때문에(모든 종류의 거미, 심지어 위험하지 않은 거미에 대한 강렬한 공포가 그 예가 될 수 있습니다) 반대로 행동하기가 공포를 다루고 또 줄이는 데 이상적인 기술이라고 할 수 있습니다. 이 공포에 수반되는 행동 충동은 주로 두려워하는 대상이나 상황을 피하는 것입니다. 거미 공포증이 있는 사람들은 거미에 대해서 생각하거나, 거미를 보거나, 거미 근처에 가는 것을 회피할 수 있습니다. 또 고소공포증이 있는 사람들은 고층 건물의 높은 층에 가는 것, 사다리를 오르는 것, 고층 테라스로 나가는 것 등을 피하고, 심지어 1층이 아니면 창문 밖을 바라보는 것까지도 피합니다.

그러므로 이러한 행동 충동에 대해서 반대로 행동하기는 두려워하는 대상이나 상황에 적극적으로 접근해 보거나 그 대상과 접촉하는 것입니다. 예를 들어, 거미 공포증에 대한 반대 행동은 거미 사진을 보거나, 거미가 나오는 비디오를 시청하거나, 누군가가 거미에 대해서 이야기를 하는 것을 듣거나, 거미에 관한 책을 읽거나, 거미가 있는 방에 있어 보거나, 아니면 독 없는 거미를 만져 보거나 하는 등의 행동이 될 수 있습니다. 공포를 느끼는 대상과 더 많이 접촉할 수 있는 행동이라면 무엇이든 상관없습니다. 거미와 관련된 것이라면 뭐든 피하고 싶은 충동에 반대되는 행동을 함으로써 당신은 공포라는 감정의 행동적인 구성 요소를 변화시키게 됩니다. 이는 결과적으로 공포를 조절하고, 공포의 강도 또한 낮추게 됩니다. 같은 원리가 수치심을 줄이기 위해 반대로 행동하기를 사용할 때도 적용됩니다. 행동 충동과 이에 따른 반대 행동이 다를 뿐이죠.

이제 반대로 행동하기 기술에 대해 이해했으니, 이 기술을 수치심에 적용해 봅시다. 반대로 행동하기는 어떠한 감정의 행동 충동과 반대로 행동해야 하는 것이므로, 이 기술을 사용하기 위해서는 수치심에 따라오는 당신의 행동 충동을 식별하는 것이 먼저 이루어져야 합니다. 제3장에서 수치심이라는 감정을 알아차리고 식별하는 것을 배웠을 때 당신은 이미 이 과정을 시작했다고 할 수 있습니다. 제3장에서 완료한 연습 중 하나는 수치심에 따라오는 행동 충동를 식별하는 것이었습니다. 당신이 수치심을 줄이기 위해 반대로 행동하기 기술을 사용할 수 있도록, 제3장의 [연습 3-5]에서 확인했었던 수치심과 관련된 행동 충동을 다시 찾아보고, 이 장의 후반부에 있는 [연습 8-3] 활동지에 작성해 보세요.

수치심과 관련된 행동 충동에 반대로 행동하기

수치심에 따라오는 당신의 모든 행동 충동을 확인한 이후의 다음 단계는 이러한 행동 충동에 반대로 행동하는 방법을 찾는 것입니다. 수치심을 느끼는 순간에 수치심을 줄이는 가장 유용한 방법인 반대로 행동하기 기술은 바로 그 당시 당신이 경험하는 구체적인 행동 충동에 따라 달라집니다. 이것에 대해 생각해 보려면 먼저, 수치심과 관련된 가장 흔한 행동 충동이 무엇인지 살펴보고, 이러한 충동에 반대되는 행동을 하기 위한 구체적인 전략을 다뤄 볼 것입니다. 이전에 이야기했듯이, 가장 흔한 행동 충동 중에는 숨기/회피하기, 자기 처벌하기, 그리고 자신을 비판하거나 자책하기가 있습니다. 이제 이러한 행동 충동들을 다루는 데 도움이 되는 반대로 행동하기 기술을 설명하겠습니다.

숨기/회피하기 행동 충동에 반대로 행동하기

행동 충동은 여러 가지 형태로 나타날 수 있는데, 그 말은 이러한 행동 충동에 대한 반대로 행동하기도 다양할 수 있다는 뜻이기도 합니다. 어떤 사람들에게 '숨기'라는 충동이란 정말 말 그대로 사람들로부터 숨어 버리고 싶다는 뜻입니다. 하루 종일 침대 이불 속에 숨거나 집 밖에 나가지 않고 숨어 버리는 거죠.

행동 충동이 침대에만 누워 있는 것이라면, 이 충동에 반대로 행동하기는 침대 밖으로 나가기(나가는 게 싫어도 그렇게 하는 거죠!), 샤워하고 옷을 갈아입고 하루를 맞이할 준비하기(내게 편안함을 주는 옷이나 기분이 좋아지는 옷을 입는다면 그것은 보너스 반대 행동이 되겠죠), 그리고 잠에서 깬 후 방에만 있지 말기 등이 포함됩니다.

만약 당신의 행동 충동이 집 밖에 나가지 않고 세상으로부터 숨어 버리는 행동이라면, 집 밖에 나가서 볼일 보기, 누군가와 이날 약속을 잡아 무언가 하기, 커피숍이나 식당에서 밥 먹기, 가게에 가기, 밖에서 산책하기 등이 이 경우에 맞는 반대로 행동하기가 될 수 있겠죠. 쉽게 말하면 당신을 집 밖에 나가게 하는 모든 행동이 다 반대로 행동하기가 되는 것입니다. 중요한 것은 당신 스스로가 집이나 방에 틀어박혀 사람들로부터 숨어 있게 내버려두지 않는 것입니다. 다른 사람들을 피하고 싶은 충동을 참는 것이 어려울 수도 있지만, 그렇게 해 보는 것이 당신의 수치심을 줄이는 데 도움이 될 것입니다.

수치심에 따라오는 숨기 충동에는 자신의 일부분이나 정체성을 숨기고 싶은 충동과 자신의 생각이나 감정을 다른 사람에게 숨기고 싶은 충동이 모두 포함됩니다. 이러한 경우라면 숨기라는 행동 충동은 다소 미묘해서 알아차리기 어려울 수 있습니다. 사람들은 다른 사람들과 시간을 보내거나 활동적으로 상호작용하는 순간에도 자신을 숨길 수 있습니다. 이러한 경우의 행동 충동은 사람들과 지내는 것을 딱히 회피하지 않기 때문에 이러한 행동이 '숨기'라는 행동 충동이라는 것을 알아차리기 어려울 수 있습니다. 하지만 문제는 이렇게 사람들로부터 자신의 일부분을 숨기거나 나의 정체성을 숨기는 것이 오히려 수치심을 증가시키고 자신이 어딘가 결함이 있다는 믿음을 강화시킬 수 있다는 것입니다. 따라서 이러한 유형의 충동에도 반대로 행동하기를 연습해 보는 것이 도움이 될 수 있습니다.

당신 자신의 일부나 정체성을 다른 사람들에게 숨기고 싶은 충동이 드는 경우, 반대로 행동하기는 나의 숨기고 싶은 부분을 다른 사람들과 공유하는 것이 될 수 있습니다. 예를 들어, 당신이 자신의 성 정체성이나 성적 지향 같은 자신에 대한 부분을 숨기고 싶다는 충동이 든다면, 믿음직한 친구나 상담사, 혹은 가족 구성원에게 말해 보세요. 그렇게 하는 생각만으로도 불안하고 불안정한 느낌을 받을 수 있겠지만, 충분히 이해 가능한 반응입니다. 특히나 예전에 거부당해 본 경험이 있거나, 차별을 당해 본 경험이 있거나, 피해를 당한 경험이 있는 사람이라면 특히 이러한 정보를 다른 사람과 공유한다는 것이 끔찍하게 여겨질 수 있습니다. 여기서 중요한 것은 당신의 정체성에 대해서 열린 태도를 가지고 당신의 정체성을 있는 그대로 인정해 줄 수 있는 사람들에게 이야기를 해야 한다는 것입니다. 당신이 만난 사람들에게 당신의 모든 것을 공유할 필요는 없습니다(만약 그러고 싶다면 물론 그래도 좋습니다!). 누구와 당신의 일부분을 공유할 것인지는 전적으로 당신에게 달려 있습니다. 그리고 많은 사람과 공유하든, 오직 한 사람과만 공유하든, 다 괜찮습니다.

이 기술이 도움이 되려면, 당신은 마음을 열고 당신이 어떠한 사람인지에 대해 누군가와 이야기를 나누며, 숨으려는 행동 충동에 반대로 행동해야 합니다. 따라서 당신의 삶에서 과연 누가 당신이 어떤 사람인지에 대하여 편견 없이 그리고 수용적인 태도로 들어 줄 수 있을지 생각해 보고, 그 사람의 이름을 여기에 적어 보세요.

이름: ~~~~~~~~~~~~~~~~~~~~~~~~~~~~~~

그러고 나서 당신에 대한 사실을 바로 그 사람과 공유하는 것으로 먼저 시작해 보세요. 그렇게 하는 것이 수치심을 줄이는 데 큰 도움이 될 수 있습니다. 이와 같이 스스로가 자신의 감정이나 생각을 사람들에게 숨기는 경향이 있다면, 그러한 생각을 공유하기 시작해 보세요.

만약 누군가가 어떤 일에 대해 당신의 의견을 묻는다면, 당신의 생각을 말해 주세요. 슬프거나 불안하다면 누군가에게 털어놓아 보세요. 내 감정과 생각을 열린 태도로 들어 주고 그것을 받아 줄 수 있는 사람이 누가 있는지 생각해 보는 시간을 가져 보세요. 그리고 여기에 그 사람의 이름을 적어 보세요.

이름: ~~~~~~~~~~~~~~~~~~~~~~~~~~~~~~

이름: ~~~~~~~~~~~~~~~~~~~~~~~~~~~~~~

이름: ~~~~~~~~~~~~~~~~~~~~~~~~~~~~~~

나의 감정과 생각에 대해 다른 사람들에게 표현하는 것은 나의 수치심을 조절하는 데 도움이 되고, 자신을 표현해도 괜찮다는 것을 배울 수 있게 해 줍니다.

이러한 행동 충동은, 자신이 겪은 경험 중 일부분을 다른 사람들에게 숨기고 싶은 충동으로 나타날 수도 있습니다. 제1장에서도 설명했듯이, 과거의 경험, 특히 외상 경험은 어떤 사람들에게는 수치심을 유발하는 원인이 될 수 있습니다. 이러한 경우, 수치심에 따라오는 행동 충동은 그러한 나의 경험을 다른 사람에게 숨기고 비밀로 유지하려는 것이 됩니다. 아마 짐작했겠지만, 이러한 충동에 대한 반대로 행동하기는 누군가에게 그 경험을 이야기하는 것입니다. 그것이 너무나도 두려운 일일 수도 있지만, 누군가에게 자신에게 일어난 일을 이야기하고 나의 경험을 털어놓는 것은 수치심을 줄이는 데 매우 큰 도움이 될 수 있습니다. 그 경험에 대해 더 많이 이야기할수록(상대가 믿을 만한 한두 명의 친구나 가족, 혹은 상담사여도 좋습니다) 그 경험에 대해 당신이 경험하는 수치심은 줄어들 것입니다. 그동안 숨겨 왔던 경험을 다른 사람과 공유하는 것이 부담스럽거나 도무지 엄두가 나지 않는다면, 작은 것부터 시작해 보는 것도 괜찮습니다. 처음부터 당신의 경험의 모든 세부사항을 일일이 다 이야기할 필요는 없습니다. 그냥 누군가에게 말을 하는 것만으로도, 아니면 이러한 경험을 스스로가 겪었다는 것을 언급하는 것만으로도 수치심을 줄일 수 있을 것입니다.

메리의 이야기

메리(Mary)는 살아오면서 여러 가지 트라우마를 경험했지만, 그중에서도 가장 큰 영향을 미친 사건은 대학 시절에 겪은 성폭행이었다. 이 경험은 너무 많은 일이 얽혀 있는 너무도 복잡한 사건이었다. 메리는 수업에서 알게 된 학생과 데이트를 하기로 하고 저녁에 와인 몇 잔을 같이 마셨다. 평소보다 더 많이 마신 셈이었는데, 그러고 나서 영화를 보러 그의 아파트에 가기로 했다. 그날 밤 메리는 그에게 성폭행을 당했다. 메리는 그것이 자신의 잘못인지, 혹시 자신이 어떤 식으로 그를 유도한 것은 아닌지 고민했다.

그 경험으로 인한 수치심과 자기 비난의 강도가 너무 세서, 그것은 메리의 자기 존중감과 그녀 삶의 모든 부분에 영향을 미치기 시작했다. 메리는 우울증 치료를 받고 있었지만, 아직 상담사에게도 이 경험을 이야기하지 않았고, 자신이 잘못했다는 두려움이 사실로 확인이 될까 무서웠다.

수치심에 대한 반대로 행동하기에 대해 배우고 난 후, 메리는 이 경험을 상담사에게 이야기하는 것이 수치심을 극복하는 데 도움이 될 수 있을지 궁금했다. 그래서 다음 상담 회기 때 자신이 성폭행을 당한 적이 있다는 사실을 상담사에게 말했다. 이 말을 하는 동안 메리는 자신의 심박수가 빨라지고 목소리가 떨리며, 시선을 돌리고 싶은 충동을 느꼈다. 그러나 메리는 상담사의 눈을 똑바로 바라보며 말했다.

상담사가 그녀의 말을 듣고 공감과 걱정 어린 표정으로 그 일은 그녀의 잘못이 아니라고 말했다. 그 말을 듣자, 메리는 즉시 기분이 나아졌고 이 경험과 관련된 그녀의 수치심도 한결 가벼워지는 것 같았다. 시간이 지나면서, 메리는 상담 회기 때 (그 사건과 관련된) 수치심과 그 경험에 대해서 더 많이 이야기하게 되었다. 시간이 더 지나자, 수치심이 상당히 줄어들어서 이제는 빠르게 스쳐 지나가는 강도의 수치심만 느끼며 그 경험에 대해 이야기할 수 있게 되었다.

수치심과 싸우는 데 더욱 강력한 효과를 발휘할 수 있는 반대로 행동하기의 또 다른 단계가 있습니다. 특히 그 단계는 반대로 행동하기를 어떻게 실행하느냐에 관한 것입니다. 구체적으로 말하자면 다른 사람들과 시간을 보내는 방식, 다른 사람들과 교류하는 방식, 또는 자신의 일부 또는 경험을 다른 사람들과 공유하는 방식과 관련이 있습니다.

반대로 행동하기의 '효과'를 극대화하기 위해서는, 기본적으로 반대로 행동하기에 완전히 몰입하면서 미묘한 방식으로 숨고 싶은 어떤 충동에든 맞서는 것이 중요합니다. 다른 사람들과 같이 시간을 보내거나 마음을 열고 있더라도, 여전히 다른 방식으로 숨을 수 있습니다. 예를 들어, 눈을 피하거나, 조용히 말하거나, 아니면 나서지 않거나, 또는 자신 안에 침잠해 있는 방식으로 말입니다.

따라서 우리가 방금 이야기한 '반대로 행동하기'를 할 때는, 이렇게 더 미묘한 숨고 싶은 충동에 반하는 방식으로 행동하는 것이 중요합니다. 사람들과 시간을 보낼 때는 고개를 들고 사람들의 눈을 마주치며 이야기하는 것이 필요합니다. 자신의 일부나 경험을 공유할 때는 눈을 마주치고, 똑바로 앉거나 서서, (속삭이지 않고) 적당한 크기의 목소리로 말하는 것도 잊지 마세요. 자기 확신을 가지고 더 많이 사람들과 소통하고 대화를 할수록, 이러한 행동에서 더 많은 이점을 얻고 당신의 수치심 또한 더 줄어드는 경험을 하게 될 것입니다.

자기 처벌하기 행동 충동에 반대로 행동하기

수치심에 따라오는 주된 행동 충동 중 하나는 자기 처벌입니다. 수치심은 사람들이 스스로가 결함이 있거나, 결점이 있거나, 혹은 가치가 없다고 판단할 때 생기기 때문에, 종종 자신이 인식한 결점이나 결함에 대해 스스로를 처벌하려는 충동이 함께 따라오는 경우가 있습니다. 충분히 이해가 갑니다. 만약 자신에게 무언가 잘못된 점이 있다고 생각한다면, 자신을 어떤 방식으로든 처벌하고 싶은 마음이 드는 것은 자연스러운 일입니다. 하지만 문제는 장기적으로 보았을 때 자기 처벌이 수치심을 더 강하게 만들고, 스스로가 어떤 면에서든 가치가 없거나 어딘가 결함이 있다는 생각을 더 강화할 뿐이라는 점입니다. 그래서 이러한 충동에 반대로 행동하는 것은 당신이 사용할 수 있는 가장 유용한 기술 중 하나입니다. 자신에게 벌을 주고 싶은 충동과 반대되는 행동을 하는 방법은 다양합니다.

자신에게 좋은 일 하기 자신이 좋은 것을 누릴 자격이 없는 것처럼 느껴져도, 스스로에게 좋은 일을 함으로써 마치 자기가 그런 자격이 있는 것처럼 행동할 수 있습니다. 자신에게 선물을 주거나, 가장 좋아하는 음식이나 간식을 상으로 주거나, 제일 좋아하는 드라마나 영화를 보거나, 아니면 제4장에서 우리가 기술했던 우리의 몸을 돌보는 기술 몇 가지를 실천해 볼 수도 있습니다. 마치 스스로가 좋은 것을 누릴 자격이 있는 것처럼 행동하는 것도 수치심이라는 감정을 줄이는 하나의 방법입니다.

자기 위안 연습하기 자기 위안은 자신을 처벌하고 싶은 충동에 대응하는 또 다른 좋은 방법은 자신을 진정시키거나 위로하는 일들을 하는 것입니다. DBT에서 자기 위안 기술이란 촉각, 미각, 후각, 시각, 청각 등 우리의 오감을 평온하게 하고 안정된 감각을 접하게 하여 스스로에게 위안을 주는 방법입니다(Linehan, 1993b, 2015). 이 기술의 목표는 마음을 진정시키는 부드러운 감각을 새로 만들어 내는 것입니다. 사람들이 진정과 위로를 얻는 감각에는 여러 가지가 있습니다(Linehan, 1993b, 2015). 이 중 상당수는 『불안을 위한 변증법적 행동치료 기술 워크북(The Dialectical Behavior Therapy Skills Workbook for Anxiety)』(Chapman, Gratz, & Tull, 2011)에서 발췌한 것입니다.

촉각

- 따뜻한 거품 목욕을 하거나 뜨거운 물로 샤워하거나 아니면 온수 욕조에 앉아서 피부에 닿는 물의 감촉에 집중하기
- 바깥에 앉아서 햇볕을 쬐며 피부에 닿는 햇살의 따스함에 집중하기
- 피부에 닿았을 때 기분이 좋아지고 몸을 진정시키는 감각을 접해 보기. 예를 들어, 복슬복슬한 스웨터, 플란넬 셔츠, 따뜻한 양털, 아니면 면으로 된 맨투맨 티셔츠를 입고, 천이 피부에 닿는 감촉에 집중하기

- 마사지를 받거나, 스스로 마사지하기
- 고양이나 강아지(아니면 다른 동물)를 쓰다듬으며 털이 피부에 닿는 느낌에 집중하기
- 친구나 사랑하는 사람 안아 보기
- 따뜻하고 푹신한 담요에 자신을 돌돌 둘러싸고 편안한 의자나 침대에 웅크려 앉아 보기
- 난로 앞에 앉아 온기에 집중하기

미각

- 편안하고 좋아하는 음식을 먹어 보기. 예를 들어, 초밥, 갓 구운 빵, 으깬 감자 요리, 초콜릿 퍼지, 마카로니 앤 치즈 등 자신에게 기분 좋은 기억을 불러일으키는 음식 먹기
- 뜨거운 코코아, 차, 혹은 다른 음료 한 모금 마시기. 마시면서 몸에 퍼져 나가는 따뜻함에 집중하기
- 더운 날에는 아이스크림 등 차가운 음식을 먹거나 차가운 음료 마시기
- 신선한 과일 한 조각을 먹고 그 맛에 집중하기

후각

- 향을 피우거나 향초를 켜고 퍼져 가는 향에 집중하기
- 향이 나는 로션을 몸에 바르고 향기를 들이마셔 보기
- 꽃 가게, 식물원, 아니면 수목원에 가서 꽃향기 맡기
- 라벤더나 바닐라의 향 들이마시기
- 밖에 나가서 신선한 공기 들이마시기
- 쿠키나 신선한 빵을 구워서 그 향기 맡아 보기. 신선한 커피 원두 향기를 맡거나 갓 내린 커피의 향기를 맡아 보기
- 신선한 허브를 자르거나, 향신료가 든 병을 열고 향 깊게 들이마시기
- 난로에 불을 붙이고, 타는 나무와 연기에 집중하기

시각

- 사랑하는 사람의 사진이나 제일 좋아하는 여행지 사진 보기
- 마음을 안정시켜 주는 사진 보기(예: 해변, 산 등)
- 해변에 가서 파도가 모래에 부딪히는 것 지켜보기
- 일몰 보기
- 하늘에 떠 있는 구름이나 바람에 날려 바스락거리는 나뭇잎 보기
- 반려동물이나 아이들이 뛰어놀거나 자는 것 보기
- 난로 또는 양초의 불꽃이 주변으로 움직이며 춤추는 것 바라보기

청각

- 안정감을 주는 음악 듣기, 지저귀는 새나 아이들이 노는 소리 듣기
- 숲이나 동네 주변을 산책하며 자연의 소리에 귀를 기울여 보기
- 해 질 녘 바깥에 앉아 귀뚜라미 소리를 들어 보기
- 해변으로 가서 바닷가에 부서지는 파도 소리 듣기
- 불을 피우고 타닥 소리를 내며 타는 나무 소리 듣기

연습 8-1 자신만의 자기 위안 기술 파악하기

이제 DBT의 자기 위안 기술에 대해 배웠으니, 자신에게 특히 위안이 될 만한 자기 위안 기술을 생각해 보세요. 오감에 집중하고 그중 자신에게 가장 위안 효과가 크다고 생각되는 활동에 집중해 보세요. 오감에 맞는 각기 다른 활동을 찾을 수 있는지 살펴보세요.

촉각

미각

후각

시각

청각

이제 자신에게 효과가 있는 몇 가지 자기 위안 기술을 찾았다면, 다음에 자신을 처벌하고 싶은 충동이 생길 때 이 기술을 사용할 수 있습니다. 이 충동을 느낄 때 이러한 기술 중 하나를 사용해 보세요. 기술을 사용하면 할수록 당신의 수치심은 줄어들 것입니다.

특정한 방식으로 숨으려는 충동에 반대로 행동하기 기술을 권장한 것처럼, 자기 처벌 행동에 대해서도 특정한 방식으로 반대로 행동하기를 연습하는 것이 중요합니다. 이러한 기술로 많은 효과를 보기 위해서는 그 순간에 하고 있는 일에 완전히 몰두하는 DBT 기술(DBT skill of throwing yourself completely; Linehan, 1993b, 2015)을 사용하여 자신을 돌보는 경험에 모든 주의를 집중하는 것이 좋습니다. 따라서 스스로에게 좋은 일을 할 때, 그 경험과 그 순간의 느낌이 어떠했는지에 집중하세요. 마찬가지로 앞에서 기술한 자기 위안 기술을 연습할 때도 모든 주의를 당신의 감각에 온전히 집중하세요. 현재 순간에 집중하세요. 주의가 산만해지면 이를 알아차리고, 다시 그 순간의 경험으로 주의를 돌리세요. 부정적인 자기 판단이 떠오르면 그저 이를 알아차린 다음 다시 자신을 보살피는 경험에 주의를 집중하세요.

자신을 비판하거나 자책하기 행동 충동에 반대로 행동하기

부정적인 자기 판단이 어떤 식으로든 자신을 처벌하고 싶은 충동에 이르게 하는 것처럼, 이와 같은 판단들이 스스로를 비판하거나 자책하게 할 수도 있습니다. 수치심 때문에 힘들어 하는 많은 사람이 사소한 실수에도 스스로를 가혹하게 대하는 경향이 있습니다. 심지어 인간이라는 이유만으로도 스스로를 지나치게 엄격하게 대하기도 하죠! 기본적으로 스스로가 완벽하지 않다고 생각할 때마다 그것이 수치심의 신호가 되고, 스스로를 호되게 꾸짖거나 비판하고 싶은 충동으로 이어집니다. 만약 당신이 이러한 경우에 해당된다면, 끊임없이 자신을 비판하고 싶은 충동을 느끼는 것이 얼마나 지치고 고통스러운 일인지 공감할 수 있을 것입니다. 이러한 충동에 굴복하면 수치심은 더 심해지고 자신에 대해서도 더 나쁘게 느껴진다는 것도 경험해 본 적 있을 것입니다. 그렇기 때문에 반대로 행동하기란 이와 같은 상황에서 매우 유용한 기술입니다.

자신을 자책하거나 비판하고 싶은 충동이 들 때, 그와 반대로 행동하세요. 이 경우에 충동에 대한 반대는 스스로를 존중하고, 자신을 친절하고 자비롭게 대하는 것입니다. 자신을 친절과 자비로 대하는 방법에는 여러 가지가 있습니다.

한 가지 방법은 앞서 설명한 자기 위안 기술을 사용하는 것입니다. 이러한 기술은 자신을 처벌하고 싶은 충동에 반대되는 행동을 하는 방식으로 활용될 수 있지만, 스스로를 자책하고 싶은 충동에 반대되는 행동을 하는 방법일 수도 있습니다. 자기 위안 기술은 스스로에게 자비를 베푸는 방법으로, 자신에게 편안함과 위안을 주는 활동을 하는 것입니다. 그러니 [연습 8-1]에서 다루었던 모든 기술이 여기에도 도움이 될 것입니다.

자신을 비판하는 충동에 반대로 행동하는 또 다른 방법은 자신에게 친절하고 존중하는 말을 하는 것입니다. 자신을 비판하기보다 나 자신에게 더 친절하게 말하고, 비판적인 언어를 사용하거나 거친 말을 하는 것을 피하세요. 어떤 사람들은 마치 자신의 친한 친구에게 말하듯이 스스로에게 말하는 것이 도움이 된다고 합니다. 만약 당신의 가장 친한 친구가 다가와 무언가를 잘못했거나 실수했다고 한다면, 당신은 그 친구에게 어떻게 반응할까요? 다음 빈칸에 친구에게 말할 수 있는 세 가지를 써 보세요.

당신의 친구에게 말하는 방식과 똑같은 방식으로 자신에게 말을 해 보세요.

또 다른 방법은 당신이 신뢰하는 가까운 사람이라면 당신에게 어떻게 반응했을지 생각해 보는 것입니다. 예를 들어, 당신이 믿는 상담사가 있다면, 당신이 "나는 나쁜 사람이다." 또는 "무언가 잘못했다."라고 말했을 때 상담사가 어떻게 반응할지, 그리고 당신에게 뭐라고 말을 해 줄지 생각해 보세요. 자신에게 말할 때도 그 사람이 쓰는 단어, 어조를 그대로 사용해 보세요. 그 사람이 당신에게 할 수 있는 말 세 가지를 써 보세요.

처음에는 이렇게 하는게 다소 불편하게 느껴질 수 있다는 점에 놀라지 마세요. 이 기술은 연습하면 할수록 더 쉬워지는 기술입니다. 스스로에게 비판적이거나 불친절하게 말하는 것에 익숙하다면, 자신에게 자비를 가지고 다가가거나, 친절하게 말을 거는 것이 아마 어색하게 느껴질지도 모릅니다. 어쩌면 이런 식으로 자신에게 말할 자격이 없다는 생각이 들거나, 스트레스를 받을 수도 있습니다. 하지만 다 괜찮습니다. 이러한 패턴을 바꾸는 데는 시간이 필요합니다. 가장 중요한 것은 자기 자신을 비판하고 싶은 충동을 느낄 때, 아무리 어색하고 불편하더라도 계속해서 이 기술을 연습하는 것입니다. 자신에게 이러한 방식으로 이야기하는 연습을 많이 하면 할수록 더 자연스러워질 것입니다.

이 행동 충동에 대한 또 다른 반대로 행동하기 기술은 자신의 강점과 긍정적인 특징에 집중하는 것입니다. DBT 마음챙김 기술인 나의 경험 알아채기(noticing your experience)와 한 번에 한 가지에 집중하기(focusing attention on one thing at a time)(Linehan, 1993b, 2015)를 사용해서 스스로에 대해서 마음에 드는 부분과 긍정적인 특성 및 행동에 집중해 보세요. 당신이 삶에서 이루어 낸 모든 성취와 살면서 제일 자랑스러웠던 것들을 떠올려 보세요. 한 걸음 물러서서 이것들을 인식해 보세요. 삶에서 더 많은 기술을 습득하고 발전하기 위해 당신이 걸어왔던 발자취들을 떠올려 보세요. 수치심이 당신의 삶을 지배하는 힘을 약화시키기 위해서 이 책에서 배운 다양한 기술을 어떻게 사용해 왔는지도 떠올려 보세요. 스스로가 감사하다고 여기는 자신의 일부분에 집중해 보세요. 지금 머릿속에 떠오르는 세 가지를 적어 보세요.

만약 수치심 때문에 스스로가 좋아하는 자신의 일부분을 찾기가 어렵다면, 다른 사람들을 위해 내가 하는 일들, 그리고 그 일들이 사람들에게 어떠한 긍정적인 결과를 가져왔는지에 집중하세요. 친구나, 상담사나, 사랑하는 이에게 자신의 긍정적인 특성이 무엇인지, 그리고 그들이 나에 대해서 높게 사는 것은 무엇인지 말해 달라고 부탁해 보세요. 그런 다음, 그 말을 주의 깊게 받아들여 보세요. 처음에는 어색하고 불편할 수 있지만, 자신이 가진 강점과 긍정적인 특징에 집중하는 것은, 수치심과 함께 오는 자신을 자책하는 충동에 반대로 행동하는 아주 탁월한 방법입니다.

브라이언의 이야기

브라이언(Brian)은 직장에서 끔찍한 한 주를 보냈다. 다가오는 마감일이 너무 많았고 자신의 몫으로 새로 해야 할 일들도 산더미라 잘해 내기는커녕 그 일을 다 끝내기도 무척 버거웠다. 사실 브라이언은 어제 마감일 하나를 깜빡 잊은 나머지, 제시간에 서류를 제출하지 못하고 말았다. 그는 오늘 그 실수를 바로잡았고, 문제가 되지 않으며 모든 서류는 잘 처리될 거라는 말을 들었다. 그러나 그는 그 실수에 대해 자신을 계속 자책하고 있었다. 하루 종일 그는 자신이 하는 모든 일에 엄청나게 비판적이었고, 자신을 '멍청이' '바보'라고 부르며 계속해서 자책했다. 그는 수치심으로부터 벗어날 수 없었다.

이렇게 그가 자신이 이전의 패턴으로 돌아가고 있다는 것을 깨달았을 때, 스스로를 신체적으로 돌보는 것이 수치심에 대한 취약성을 줄일 수 있다는 것을 기억해 내고, 숙면을 하기 위해 일찍 잠자리에 들었다. 다음날 아침에 일어났을 때도 여전히 스스로에 대해서 끔찍한 기분을 느꼈고, 직장에서 완벽하지 않다는 이유로 자신을 자책하는 것을 그만두기가 어려웠다. 그때 그는 수치심이 그에게 시키는 것과 반대로 행동하여 수치심을 줄이는 기술인 '반대로 행동하기'를 기억해 냈다.

수치심이 자신을 자책하게 만들고 스스로에게 나쁜 말까지 하게 만드는 것을 깨달은 그는 이에 반대로 행동하기로 마음을 먹고, 자신을 친절하게 대하기로 했다. 그는 지난달 직장에서 그가 이뤄 냈던 모든 것과 자신이 직장 상사에게서 받았던 긍정적인 피드백에 집중했다. 또한 그는 최근 자신이 저지른 실수에 대해서도 자비롭게 대하는 연습을 했다. 자신의 동료가 같은 실수를 했다면 자신이 취했을 방식과 똑같은 방식으로 말이다. 그는 사람이라면 누구나 실수를 할 수 있으며, 실수를 했다고 해서 자신을 끔찍한 직원이라고 판단할 필요는 없다고 말했다. 그는 자신을 친절과 자비를 가지고 대하기 위해서 출근길에 제일 좋아하는 커피숍에 들러서 스페셜 음료를 사서 마시며 그 음료의 따뜻함과 달콤한 맛, 그리고 커피를 마시는 경험에 집중하려고 노력했다. 주차장에 도착했을 때쯤 그의 수치심은 이미 덜 해졌고, 그날 해내야 할 모든 것을 좀 더 잘 해결해 낼 수 있을 것 같은 기분이 들었다.

수치심에 반대로 행동하기 기술 연습하기

이제 수치심에 맞서기 위해 사용할 수 있는 다양한 '반대로 행동하기' 기술들을 배웠으니, 이제 실천에 옮길 차례입니다! 다음에 숨기/회피하기, 자기 처벌하기, 자신을 비판하거나 자책하기 등 앞서 설명했던 수치심 행동 충동 중 하나를 경험하게 되면, 그 행동 충동에 맞는 반대로 행동하기 기술을 시도해 보세요. 이러한 기술의 핵심은 가능한 한 많이 연습하는 것입니다. 이 책에서 우리가 설명하는 많은 DBT 기술과 마찬가지로, '반대로 행동하기' 기술도 시간이 지나면서 더 쉬워지고 더 자연스러워질 수 있습니다. 수치심 때문에 자신을 함부로 대하거나, 다른 사람에게 자신의 모습과 경험을 숨기거나, 다른 사람을 피하는 등의 도움이 되지 않는 행동을 하고 싶을 때마다 이 기술들을 시도하기만 하면 됩니다. 좋은 소식은, 수치심에 '반대로 행동하기' 기술이 매우 다양하기 때문에, 당신에게 가장 적합한 것을 고를 수 있는 선택지가 다양하다는 것입니다. 따라서 다음 단계는 여기서 이야기한 다양한 기술을 시도해 보고 그것이 자신에게 얼마나 효과가 있는지 알아보는 것입니다.

연습 8-2 수치심에 반대로 행동하기 기술 시도해 보기

이 연습을 통해 이전에 다룬 '반대로 행동하기' 기술 중 어떤 것이 자신에게 가장 효과적인지 알아보세요. 먼저, 수치심의 강도를 0(수치심 전혀 없음)에서 10(가장 강렬한 수치심)까지의 척도로 '기술 사용 전 수치심' 칸에 표시하세요. 그다음에는 왼쪽 열에 나열된 반대로 행동하기 기술 몇 가지를 한 번 시도해 보세요. 어떤 행동 충동을 경험하는지에 따라 어떤 기술을 사용할지 고를 수 있습니다. 각 기술을 사용한 후에는 즉시 '기술 사용 후 수치심' 칸에 당신의 수치심을 0~10점 사이의 척도로 다시 점수를 매겨 보세요. 이 기술들을 몇 번 시도해 보고 나면, 어떤 기술이 다른 기술들보다 자신의 수치심을 줄이는 데 더 도움이 되는지 알게 될 것입니다.

반대로 행동하기 기술	기술 사용 전 수치심 (0~10)	기술 사용 후 수치심 (0~10)
숨기/회피하기 행동 충동을 위한 기술		
침대나 집에 숨는 것 피하기		
집 밖으로 나가 사람들과 함께 시간을 보내기. 예를 들어, 바깥에서 볼일을 보거나, 산책하러 나가거나, 커피숍이나 식당 가기 등		
사람들이랑 약속 잡아서 무언가 하기		
믿음직한 친구, 상담사, 아니면 사랑하는 사람에게 이전에 숨겨 왔던 정체성 또는 자신이 어떤 사람인지 공유하기		
다른 사람에게 나의 감정과 생각을 공유하기		
내 인생에서 믿을 수 있는 사람에게 이제껏 숨겨 왔던 내 경험 공유하기		
사람들과 눈 맞추며, 분명하고 적당한 크기의 목소리로 말하기		
똑바로 앉거나 서 있기, 자신감 있는 자세로 행동하기		
자기 처벌하기 행동 충동을 위한 기술		
스스로에게 좋은 일 하기		
위로를 주고 편안한 감각을 느끼게 하는 자기 위안 기술 사용하기		
촉각		
미각		

후각		
시각		
청각		
자신을 비판하거나 자책하기 행동 충동을 위한 기술		
자기 위안이 되는 활동을 함으로써 스스로에게 자비롭게 대하기		
촉각		
미각		
후각		
시각		
청각		
친절하고 존중하는 태도로 스스로에게 말하기		
내가 가진 강점과 긍정적인 특성에 집중하기		

코멘트: 수치심을 막기 위해 시도한 방법, 효과가 있었던 방법과 없었던 방법, 나중에 수치심을 막기 위해 사용해 보고 싶은 반대로 행동하기 기술이 무엇인지 등 당신이 덧붙이고 싶은 말을 다음 빈칸에 써 보세요.

일상에서 반대로 행동하기 적용하기

이제 반대로 행동하기가 어떻게 작용하는지 더 잘 알게 되었고, 수치심을 줄이기 위해 해 볼 수 있는 구체적인 반대 행동들도 잘 알게 되었으니, 이제 당신에게 가장 적합한 '반대로 행동하기' 기술을 찾는 데 집중해 봅시다. 이번 장의 처음 부분에서는 제3장에서 배웠던 내용을 바탕으로 수치심을 느낄 때 일반적으로 경험하는 행동 충동을 정리하고, 이를 [연습 8-3]에 적어 보라고 했습니다. 아직 작성하지 않았다면 지금 바로 작성해 보세요.

어떤 행동 충동은 이 장에서 다룬 내용과 매우 유사할 수 있고, 어떤 행동 충동은 더 당신에게만 나타나는 충동일 수도 있습니다. 이제 자신만의 행동 충동을 찾아보았으니, 이 장에서 배운 기술을 사용하여 다음번에 수치심을 경험할 때 그 충동에 반대되는 행동을 할 수 있는 방법을 찾아보세요. '반대로 행동하기' 기술에는 단순히 수치심이 하라는 것과 정반대의 행동을 하는 것뿐만 아니라 그 행동들을 어떠한 방식으로 하느냐도 중요하다는 것을 기억하세요. 예를 들어, 고개를 똑바로 들고, 사람들의 눈을 바라보며 자신감 있게 말하기, 긍정적이고 위로가 되는 경험에 주의를 기울이기 등의 행동 방식이 포함됩니다. [연습 8-3]을 통해 수치심을 동반하는 행동 충동을 억제하기 위해 정확히 어떤 기술을 사용할 수 있는지 파악할 수 있습니다.

연습 8-3 일상생활 속 수치심에 반대로 행동하기

수치심과 관련된 행동 충동에 대해 적용해 볼 수 있는 구체적인 반대로 행동하기 기술을 찾는 데 이 연습이 도움이 될 것입니다. 첫 번째 열에는 수치심과 함께 가장 흔히 나타나는 행동 충동이나, 그 순간 하고 싶은 행동을 적어 보세요. 다음으로, 두 번째 열에는 그 행동 충동에 대한 반대 행동을 적습니다. 이 행동을 찾는 것이 쉬운 일은 아니기 때문에, 다음 표에 몇 가지 예시를 포함했습니다. 자신이 하고 싶은 행동과 반대되는 행동을 하는 것이 핵심임을 기억하세요. 따라서 사람들을 피하고 싶은 기분이 든다면, 사람들과 함께 시간을 보낼 계획을 세우세요. 자신의 일부를 숨기고 싶은 기분이 든다면, 그 부분을 다른 사람들과 공유하세요. 끝으로, 세 번째 열에는 반대로 행동하기 기술이 자신의 수치심을 줄이는 데 얼마나 도움이 되었는지 0에서 10까지 점수를 매기세요(0점: 전혀 도움이 되지 않음, 수치심 감소 없음/10점: 매우 도움이 됨, 수치심이 크게 감소함).

행동 충동	반대로 행동하기	도움이 되었나요? (0에서 10까지)
혼자 있기	커피숍에서 있는 사람들과 대화 시작해 보기 말할 때는 눈을 맞추면서 대화하기	6
사람들과 눈 맞춤 피하기	말할 때는 사람들의 눈을 쳐다보기 걸을 때는 땅을 내려다보지 않고 똑바로 앞을 보기	7
자신을 비난하고 스스로에게 상처가 되는 말을 하기	나 자신에게 친절하고 존중하는 태도를 가지기 가장 친한 친구에게 말하듯이 자신에게 이야기하기 내가 좋아하는 나의 장점들을 스스로에게 말해 주기	5

앞으로 나아가기

이 장에서는 수치심이 들 때 그것이 시키는 행동에 반하는 행동을 함으로써 수치심을 줄이는 데 사용할 수 있는 반대로 행동하기 기술을 중점적으로 다루었습니다. 수치심처럼 도움이 되지 않는 감정의 경우 반대로 행동하기는, 수치심을 줄이고 수치심이 당신의 삶을 지배하는 힘을 약화하는 데 가장 유용한 기술 중 하나입니다. 이 기술의 기본적인 개념은 수치심이 들 때 하고 싶은 행동을 알아차리고 그 반대로 행동하는 것입니다. (반대로 행동하는 것은) 보통 사람들을 피하지 않고, 자신이나 자신의 감정, 생각, 경험을 숨기지 않는 것, 그리고 스스로를 친절과 자비, 존중, 그리고 사랑으로 대하는 것을 의미합니다. 수치심에 따라오는 행동 충동에 반대로 행동하면 할수록, 수치심은 더 줄어들 것입니다. 이러한 기술들은 또한 사회적 지지, 정서적 친밀감, 자기 존중감, 그리고 자기 자비 등을 높이는 데도 도움이 되며, 이러한 요소는 그 자체만으로도 유익한 것들입니다. 그러므로 다음에 수치심을 경험할 때는 수치심이 시키는 행동을 파악하고 그 반대 행동을 온전히 실행해 보세요.

이제 수치심을 다루고 줄이는 기술을 배웠으니, 이제 수치심이 당신의 대인관계에 미치는 영향을 다루는 기술에 대해 알아볼 차례입니다. 다음 장에서는 당신이 수치심을 경험할 때도 친밀감, 유대감, 그리고 관계 속에서의 안녕을 유지하기 위해 사용할 수 있는 구체적인 기술을 살펴보겠습니다.

제 9 장

대인관계에서 수치심을 효과적으로 다루기

수치심이 대인관계를 방해하고 외로움을 초래하는 방법

DBT 대인관계 효과성 기술

앞으로 나아가기

이전 장에서 수치심은 자신과 다른 사람들이 자신을 어떻게 인식하거나 평가할지 생각할 때 발생하는 자의식적 감정이라고 한 것을 기억할 것입니다. 수치심은 다른 사람들을 피하게 만들고, 자신의 욕구를 진지하게 받아들이지 못하게 하며, 자신이 누구인지, 그리고 어떻게 느끼는지 표현하지 못하게 함으로써, 대인관계에 큰 영향을 미칠 수 있습니다. 그렇기 때문에 수치심이 대인관계에 미치는 영향을 최소화하고, 수치심을 경험할 때도 대인관계를 견고하게 유지하는 방법을 배우는 것이 매우 중요합니다. 이 장에서 살펴보는 DBT 기술이 그러한 방법을 배우는 데 귀중한 도구가 될 수 있습니다.

이 장에서는 먼저, 수치심이 어떻게 대인관계에 문제를 일으킬 수 있는지 알아볼 것입니다. 그런 다음, DBT의 대인관계 효과성 기술들이 어떻게 수치심에 대한 문제를 극복하고 예방하는 데 도움이 되는지 이야기할 것입니다. 이러한 기술을 배우고 연습함으로써 당신의 관계가 더 견고해지고, 더 친밀해지고, 더 만족스러워지기를 바랍니다.

수치심이 대인관계를 방해하고 외로움을 초래하는 방법

많은 사람에게 대인관계 상황이나 관계는 수치심을 일으키는 흔한 신호입니다. 진화론적 관점에서 수치심을 연구하는 학자들은 수치심이라는 감정이 오래전에 사회 조직이나 부족과의 연결고리를 유지하도록 하기 위해 진화한 것으로 보고 있습니다. 인류의 역사에서 사회 조직과 연결된 상태를 유지하는 것은 생존에 필수적이었습니다. 혼자 있으면 죽을 확률이 높았기 때문이죠. 이러한 맥락에서는 사회적 규범 또는 규칙을 어기거나, 다른 사람을 화나게 하는 행동을 했을 때 수치심을 느끼는 것이 도움이 되었을 수 있습니다. 사람들이 서로에게 거부당하는 것을 피하고 생존 확률을 높이는 데 도움도 되었을 테니까요.

댄(Dan)이라는 사람이 부족의 음식을 훔치고 부족장의 형제 한 명과 싸움을 벌였다고 가정해 봅시다. 만약 댄이 자신이 한 행동에 수치심을 느꼈다면, 이 사실을 숨기고 다른 사람들이 알지 못하게 하려고 노력했을 것입니다. 그리고 댄이 이러한 자신의 행동을 숨기는 데 성공했다면, 문제에 휘말리거나 집단에서 쫓겨나 외딴곳으로 내쫓기는 것을 피할 수 있었을 테죠. 하지만 어느 순간부터 수치심은 사람들이 자신에 대해 가지는 부정적이고 전반적인 판단과 결합이 된 것 같습니다. 사람들은 사회적 규범이나 기대에 어긋난 자신이 한 일에 대해 부끄러움을 느끼는 것에 그치지 않고, '나'라는 사람 자체에 대해 수치심을 느끼기 시작합니다. 자신은 나쁘고, 결함이 있으며, 부족하고, 비호감이라고 판단하게 됩니다.

스스로를 판단할 때는, 다른 사람들도 자신을 판단하고 있을 것이라고 생각하는 함정에 쉽게 빠지게 되는데요, 이 모든 부정적인 자기 판단을 자기만 하는 것이 아니라, 다른 사람들도 내가 나 자신을 바라보는 것과 똑같이, 즉 나는 사랑받을 수 없고, 받아들여지지 않고, 결함이 있는 사람이다와 같이 바라본다고 생각해 버리는 거죠. 다른 사람들이 당신에 대해 이렇게 생각할 것이라는 믿음은 당신의 관계에 방해가 되고, 대인관계 문제를 일으킬 수 있습니다.

수치심이 대인관계 문제를 일으키는 첫 번째 방법은, 자신이 누구인지 숨기거나 자신의 정체성, 흥미, 경험 등을 숨기게 만든다는 점입니다. 그러나 가깝고 정서적으로 친밀한 관계를 만들어 가기 위해서는 다른 사람들이 당신 자신이 누구인지, 당신이 어떻게 느끼는지를 이해하고 알아야 한다는 것입니다. 만약 자신을 숨겨 버린다면, 당신과 가까운 사람들조차도 당신이 진짜 누구인지 알지 못하게 됩니다. 결과적으로 사람들과 이어진 당신의 감정적 연결고리는 약해질 것이며, 이럴 때는 가까운 사람들과 함께 있을 때도 외로움과 소외감을 느낄 수 있습니다. 어떤 사람들은 이것을 정서적 외로움(emotional lonliness)이라고 부르기도 합니다(Lynch, 2018). 더 나아가, 사람들이 당신의 감정이나 당신이라는 사람을 잘 모른다면, 꼭 필요할 때 당신을 지지해 줄 수도 없겠죠.

수치심이 대인관계 문제를 일으키는 두 번째 방법은, 사람들이 당신을 받아들이지 않을 것이라고 걱정하게 하여 사람들을 (만나는 것을) 피하게 만드는 것입니다. 사람들을 피하게 되면 외로움, 고립감, 타인으로부터의 소외감이 생길 수 있지요. 다른 사람들로부터 소외되었을 때는 수치심이 더 커질 수 있습니다. 자신이 혼자 있어야 마땅하다고 생각하고, 다른 사람들이 자신을 진정으로 좋아하지 않거나 받아들이지 않는다는 생각에 대한 확신도 더욱 커질 수 있겠죠. 사람들과 어울리지 않으면, 사람들이 사실 당신과 함께 있는 것을 좋아하고 당신을 있는 그대로 인정해 줄 수 있다는 사실을 알게 될 기회를 얻을 수 없습니다. 좋은 소식은, 수치심이 인간관계에 미치는 몇 가지 문제를 해결하는 데 DBT의 대인관계 효과성 기술들이 도움이 될 수 있다는 것입니다. 다음에서 다룰 몇 가지 기술이 당신이 회피의 함정에서 벗어나는 데 도움이 될 것이고, 그 밖의 다른 기술은 당신이 자신이 원하는 것과 자신의 욕구를 명확하고 솔직하게, 효과적으로 표현할 수 있게 하는 데 도움이 될 것입니다.

DBT 대인관계 효과성 기술

DBT 대인관계 효과성 기술은 원만한 인간관계와 자기 존중을 유지함과 동시에 스스로의 욕구 또한 충족시킬 수 있도록 돕습니다. 이러한 기술은 실용적이고, (수치심과 관련이 없는 상황을 포함한) 많은 상황에서 사용할 수 있습니다. 그리고 관계에서 자기 존중감과 주도권을 되찾는 것도 도와줄 수 있습니다. 게다가 당신이 대인관계 효과성 기술을 규칙적으로 연습한다면, 수치심은 감소하고, 덜 외로울 것이며, 사람들로부터 (느낀) 소외감이 줄어들어 대인관계가 향상되는 것을 발견할 수 있습니다.

DBT에서 대인관계 효과성 기술은 이 장에서 다룰 수 있는 것보다 더 많은 방법을 포함합니다. 여기서는 수치심이 당신의 대인관계에 미치는 영향을 줄이는 데 효과적인 몇 가지 핵심 기술에 초점을 맞추고자 합니다. 여기에 이러한 방법들을 제시한 뒤, 다음에서는 이를 설명하고 당신이 이 방법들을 연습할 수 있게 도울 것이며, (이 기술들이) 수치심에 어떻게 도움이 될 수 있는지 논의하겠습니다.

- 대인관계에서 타인에 대한 마음챙김하기
- 자신의 요구와 타인의 요구 사이에서 균형 맞추기
- 관계의 목표와 우선순위 파악하기
- 자신이 원하거나 필요한 것을 다른 사람에게 명확하게 설명하기
- (자신의 감정, 의견, 또는 욕구를 표현하여, 관계를 향상시키는 방식으로) 필요한 것 추구하기
- 자기 존중과 존엄성 향상시키기

타인에 대한 마음챙김하기

대인관계에서 수치심과 회피의 함정에서 벗어나는 가장 좋은 방법 중 하나는 타인에 대한 마음챙김을 연습하는 것입니다. 이 기술은 제5장에서 배운 것과 동일한 마음챙김 기술이며, 이제 이 기술을 다른 사람과의 상호작용에 적용해 보는 것입니다. 여기서의 핵심 아이디어는 당신과 소통하는 상대방이 누구든지 그 사람에게만 온전히 주의를 기울이고, 선입견 없이 의사소통하며, 가능한 한 지금 이 순간에 머무르는 것입니다. 타인에 대한 마음챙김을 실천하면 사회적 상호작용이 더 만족스럽고 즐거워질 것이고, 주변 사람들과 자신이 더 연결되어 있다고 느낄 수 있으며, 대인관계를 개선하는 데도 도움을 받을 수 있습니다. 어떤 면에서 마음챙김은 회피와 반대되는 개념입니다. 그래서 이 기술을 연습하는 것은 수치심으로 인하여 다른 사람을 피하거나, 자신의 일부를 숨기고 싶은 충동에 대한 일종의 반대로 행동하기가 될 수도 있습니다. (제8장에서 우리가 논했던 것처럼요.) 또한 타인에 대한 마음챙김은 이 장에서 설명하는 다른 대인관계 효과성 기술로 넘어가기 전에 반드시 익혀 두어야 할 과정입니다. 수치심을 줄이는 데 도움이 되는 방향으로 사람들과 대화하고 상호작용하는 방법을 배우기 전에, 당신이 먼저 상대방에게 주의를 기울이는 것부터 시작해야 한다는 뜻입니다.

타인에 대한 마음챙김을 실천하는 방법에는 여러 가지가 있습니다(Linehan, 2015). 여기서는 수치심을 경험할 때 특히 도움이 될 것으로 생각되는 두 가지 방법에 초점을 맞추겠습니다.

마음챙김으로 타인에 주의를 기울이고 관찰하기

다른 사람과 시간을 보낼 때, 의식을 기울이며, 개방성, 호기심을 가지고 사람들과 시간을 보내세요. 어떤 사람이나 집단과 교류하는 것이 걱정되더라도 그 경험에만 온전히 집중하세요. "이 상황이 어떻게 될지 잘 모르겠지만, 괜찮아."라고 스스로에게 말해 보세요. 열린 마음으로 사람들과의 경험에 집중하세요.

다른 사람들이 나를 어떻게 볼 것인지, 나를 어떻게 생각할지, 내가 말을 제대로 하고 있는지에 초점을 맞추기보다는, 다른 사람들의 말에 귀를 기울이세요. 수치심이 생기면 내가 나 자신을 어떻게 표현하고 있는지, 내가 올바른 말이나 행동을 하고 있는지, 아니면 다른 사람들이 나를 어떻게 생각하고 있는지에만 사로잡히기 쉽습니다. 다른 사람들이 나에 대해 부정적으로 생각하거나 나를 좋아하지 않는다는 걱정에 사로잡힐 수도 있죠. 이럴 때는 그러한 생각을 있는 그대로 보도록 노력해 보세요. 생각은 생각일 뿐, 사실이 아닙니다. 이러한 생각은 잊어버리고 함께 있는 사람들에게 주의를 기울이세요. 쉬운 일이 아니라는 것을 알지만 연습을 하면서 더 쉬워질 수 있습니다.

사랑하는 반려동물과 소통할 때의 마음가짐으로 다른 사람들과 교류하여 보세요. 고양이나 개와 함께 시간을 보낼 때 우리는 그들이 우리에 대해 어떻게 생각하는지 신경 쓰지 않습니다. 그저 그들이 얼마나 귀엽고 재미있는지, 함께 앉아 있는 느낌, 그들을 쓰다듬는 느낌은 어떤지, 그들이 내는 흥미로운 소리와 움직임 등에 온전히 집중할 뿐입니다. 그들이 먹이를 달라고 하면 우리는 먹이를 주겠죠. 산책하고 싶다고 하면 데리고 나갑니다. 우리는 오로지 우리의 반려동물과 함께 하는 경험과 그 경험이 어떠한지에만 신경을 씁니다. 반려동물과 함께 보내는 시간이 즐겁고 의미 있는 이유는 바로 우리가 그 경험에 진정으로 몰입하기 때문입니다.

다른 사람들과 소통할 때 집중을 방해하는 일들이 생길 수 있습니다. 우리의 머릿속은 생각과 기억 등을 생성해 내며 바쁘게 움직이곤 합니다. 이러한 경험은 주의 집중을 방해할 수 있습니다. 자신의 생각과 (수치심 같은) 강한 감정에 사로잡힌 채, 함께 있는 사람에게 주의를 기울이지 않고 있다는 사실조차 인지하지 못할 수 있어요. 머릿속이 바빠지고 주의가 흐트러질 때, 이를 알아차리고 스스로에게 이렇게 말해 보세요. "아, 내 마음이 또 다른 쪽으로 흘러가고 있군." 주의를 다시 함께 있는 사람에게 부드럽게 돌려 주세요.

마지막으로, 다른 사람과 함께 있을 때는 한 번에 두 가지 이상의 일을 하지 마세요. 이 말은, 당신이 밖에서 누군가와 커피를 마시고 있다면, 핸드폰은 치워 놓고, 문자 메시지나 SNS는 확인하지 말고, 당신 앞에 있는 사람에게 온전히 집중하라는 뜻입니다. 지금 이 순간 내 앞의 사람을 이 세상에서 가장 중요한 사람으로 여기고 이 사람에게만 온전히 집중하세요. 우리는 당신이 타인에게 마음챙김하며 집중하는 것이, 곧 자신에게 주는 선물이라는 사실을 배우게 되리라 생각합니다.

지금 이 순간에 온전히 참여하기

수치심은 때때로 우리를 한 발 물러서서 거절의 신호를 살피는 조심스러운 관찰자로 만들 수 있습니다. 이것은 마치 수영장 주변을 조심스럽게 걷다가 가끔씩 발가락만 담

그지만, 절대 수영을 즐기기 위해 물에 뛰어들지 않는 것과 마찬가지입니다. 마치 수영장 주변을 발끝으로 걷는 것처럼 한 발짝 물러서서 단순히 관찰만 하는 것도 회피 행동이 될 수 있습니다. 앞서 설명했듯이, 회피 행동은 종종 수치심과 함께 나타납니다. 수치심에 대응하는 가장 좋은 방법은 회피하지 않는 것입니다. 그렇게 하기 위한 한 가지 방법은 다른 사람들과 함께 하는 경험에 스스로가 완전히 참여하고 몰입하는 것입니다.

다른 사람들과 함께 있을 때는 지금 그 순간에 확실하게 참여하세요. 온 마음과 힘을 다해서 다른 사람과 나누는 상호작용에만 열정적으로 참여해 보세요. 커피를 마시든, 파티에 참석하든, 누군가와 전화 통화를 하든, 당신의 자녀의 숙제를 도와주든, 그 사람과의 상호작용에만 온몸과 마음을 기울이세요.

대화나 의사소통을 '마음챙김하며 걷기 또는 달리기'처럼 생각하세요. 우리 중 누군가는 숲에서 달리기를 즐길 것입니다. 아마도 그 이유는 경치가 좋기 때문이기도 하지만 달릴 때는 달리기 자체에만 온전히 집중하고 마음챙김을 유지해야 하기 때문이기도 합니다. 그렇지 않으면 바위나 나무뿌리에 걸려 넘어지거나, 잘못된 코스로 가게 될 가능성이 높지요. 숲속에서 달리는 것은 매끄러운 포장도로에서 달리는 것과는 매우 다릅니다. 숲속에서 달리려면 온전히 참여해야 합니다. 다른 사람들과 함께 시간을 보낼 때도 숲에서 하는 달리기하는 것처럼 대해 보세요.

다른 사람들과 함께 참여하다 보면 당신은 분명 몇 가지 장애물에 부딪히게 되고, 집중이 흩트러질 것입니다. 마음이 다른 곳으로 흘러가고, 수치심이 생겨 회피하거나 그만두고 싶은 생각이 들 수도 있습니다. 마음이 다른 곳으로 흘러가는 것을 발견할 때, 스스로에게 이렇게 말해 보세요. "아, 내 생각이 또 다른 곳으로 흘러가는구나. 이제 나는 하던 일에 나를 몰입시킬 거야."

자신과 타인의 요구 사이에서 균형 맞추기

마음챙김은 모든 관계의 토대가 되는 중요한 요소입니다. 마음챙김으로 대인관계의 첫 단추를 꿰는 연습을 해 보았으니, 이제 수치심이 주는 영향으로부터 자유로운 대인관계를 구축해 나갈 수 있는 기술로 넘어가 보겠습니다.

수치심으로 힘이 들 때, 당신이 대인관계에서 할 수 있는 가장 중요한 일 중 하나는 당신 자신의 욕구가 중요한 것처럼 행동하는 것입니다. 수치심에 동반하는 생각은 종종 자신이 하찮고, 무가치하며, 좋은 것을 누릴 자격이 없다는 것이며, 당신의 욕구, 의견, 생각, 감정이 중요하지 않다는 것입니다. 따라서 수치심을 줄이고 싶다면 자신의 욕구와 경험이 중요한 것처럼 행동해야 합니다. 제8장에서 설명했듯이, 이는 반대로 행동하기 기술을 연습하는 방법 중 하나입니다. 당신은 이 부분을 기억할 것입니다. 당신의 욕구와 경험이 중요한 것처럼 행동하는 것은 대개 수치심이 자신에게 시키는 행동과 반대로 행동하는 것을 포함한다는 것을 말이죠. 이 기술을 시작하기 위해 당신이 자신의 욕구와 다른 사람의 욕구 사이의 균형을 어떻게 조절하고 있는지 생각해 보세요.

다음 질문에 대해 생각해 보고, 당신에게 해당되는 답을 체크해 보세요.

당신은 원하지 않을 뿐더러 당신에게는 매우 불편한 일임에도 불구하고, 다른 사람을 위해서 기꺼이 하겠다고 말하곤 하나요?	예 | 아니요
사회적 모임에서 다른 사람들이 원하는 대로 따라가고 내가 하고 싶은 것은 말하지 않곤 하나요?	예 | 아니요
사회적 지지나 도움을 구하거나, 어떤 이의 행동의 변화를 요구하는 등의 당신의 요구를 말하는 것(예: 집안일 좀 도와 달라거나, 나의 하루가 어땠는지 내게 물어봐 달라거나, 나를 너무 많이 비난하지 말아 달라는 등의 말을 포함)을 피하곤 하나요?	예 | 아니요
다른 사람들이 나의 욕구를 고려하지 않는 것에 대해 자주 분개하거나, 슬퍼하거나, 좌절감을 느끼나요?	예 | 아니요
다른 사람들을 위해 너무 많은 일을 하느라 정서적으로 기진맥진한 느낌이 들곤 하나요?	예 | 아니요

이 질문 중 적어도 몇 개 이상의 항목에 '예'라고 답했다면 당신의 대인관계에는 불균형이 있을 수 있다고 볼 수 있습니다. 구체적으로 말하자면 당신은 다른 사람의 필요를 우선시하고 자신의 필요는 중요하지 않은 것처럼 행동하고 있을 수 있다는 거죠. 나 자신의 욕구도 중요한 것처럼 행동하려면 어디서부터 시작해야 할까요? 바로 내가 필요한 것을 요청하는 데 수치심이 방해가 되고 있지는 않은지 스스로에게 물어보는 것입니다. 예시를 하나 들어 보겠습니다.

에드워도의 이야기

에드워도(Edwardo)는 전업주부인 아빠이다. 그의 파트너 엔리케(Enrique)는 경영컨설턴트로 일하고 있다. 대부분의 경우, 에드워도는 두 딸을 돌보는 것에 보람을 느낀다. 하지만 그는 요즘 들어 지쳐 가기 시작했다. 그는 아이의 학교와 취미 활동 라이딩을 하느라 쉴 틈이 없었으며, 저녁 만드는 것도 보통 그가 도맡아 했다. 엔리케는 저녁시간과 아이들을 재울 시간에 맞추어서 집에 돌아왔다. 주말에도 에드워도가 아이들의 대부분의 활동을 담당한다. 에드워도는 엔리케에게 더 많은 도움을 요청하고 싶지만, (그렇게 말하는 것이) 자꾸 꺼려진다. 엔리케는 하루에 거의 12시간 가까이 일하고, 자주 피곤해했으며, 주말에는 피곤해서 모자란 잠을 자면서 회복하는 데 시간을 보내곤 한다. 에드워도가 힘들어하는 것이 또 하나 있었는데, 바로 그가 가계소득에 기여하지 않고, 바깥에서 일을 하지 않는다는 사실에 수치심을 느낀다는 것이다. 그의 가족 구성원 중 몇 명은 에드워도가 엔리케의 '아내'라고 놀리거나 '남자'가 해야 할 일을 하지 않는다고 그를 놀리기도 했다. 에드워도는 스스로에게 이렇게 물었다. '내가 바깥에서 일하지 않는다는 것과 경제적으로 가정에 도움이 되지 않는다는 것에 수치심을 느끼지 않았더라면, 엔리케에게 주말에는 좀 도와 달라고 부탁할 수 있었을까?' 이에 대한 대답은 '그렇다.'였다. 수치심이 에드워도의 방해물이었음이 분명했다.

(누군가에게) 필요한 것이 있지만 수치심 때문에 부탁하지 못한 것들이 있나요? 어쩌면 에드워도처럼 당신도 무언가에 대해 더 많은 도움이 필요할 수 있습니다. 누군가가 당신을 다르게 대해 주기를 원하거나, 당신을 지지하거나 경청하고, 당신의 의견이나 생각을 고려해 주기를 원할 수도 있습니다. 직장에서 월급 인상을 원하지만 그렇게 요청하는 것이 꺼려질 수도 있죠. 원하는 것이 무엇이든, 수치심 때문에 자신이 필요한 것에 대해 묻지 못하는 것은 아닌지 스스로에게 먼저 물어보세요.

연습 9-1 수치심이 나의 욕구를 방해하는가

당신이 다른 사람과의 관계에서 원하거나 필요로 하는 것은 무엇인가요? 다음 빈칸에 자신이 원하거나 필요로 하는 것을 구체적으로 기술하세요. 예를 들어, 에드워도는 "네가 아이들을 더 많이 돌봐주었으면 좋겠고, 난 주말에 더 쉬고 싶어."와 같은 말을 할 수 있습니다.

관계에서 내가 원하거나 필요로 하는 것을 기술하세요.

이 상황이나 이 관계에서 수치심을 느끼나요?	예 | 아니요
이런 수치심을 느끼지 않는다면, 나는 내가 원하거나 필요한 것을 요구해 볼 수 있을까요?	예 | 아니요

관계의 목표와 우선순위 파악하기

수치심이 내가 필요한 것을 요청하는 데 방해가 된다면, 다음 단계는 바로 관계 내에서 당신의 우선순위를 고려해 보는 것입니다. DBT에서는 모든 대인관계 상황에서 세 가지 핵심 목표가 있다고 합니다. 목표, 관계, 그리고 자기 존중입니다.

목표

목표는 내가 상대방으로부터 원하는 것, 필요로 하는 것을 말합니다. 상대방이 당신에게 무엇을 해 주길 바라고, 무엇을 그만두길 바라는지 생각해 보세요. 상대방이 내 말을 들어 주고, 함께 시간을 보내고, 무언가를 도와주고, 나를 지지해 주기를 바라나요? 당신을 다르게 대해 주거나 상대방이 당신에게 무언가를 해 주길 바라나요? 이제 당신이 필요한 것을 확인했으니, 시작한 것이나 마찬가지입니다. 이제는 원하는 것을 구체적으로 설명할 차례입니다.

상대방에게 원하는 것이 무엇인지 기술하세요. 당신이 필요한 것을 아주 명확하게 설명해 보세요. 뚜렷하고 구체적으로 설명해야 합니다.

예를 들어, 제가 누군가가 저를 더 존중해 주기를 원했다고 가정해 봅시다. 제가 그 사람에게 "저를 더 존중해 주셨으면 좋겠어요."라고 말했다고 해 보죠. 이건 구체적인 요청일까요? 상대방이 제가 어떤 말을 하는지 알 수 있을까요? 아마 아닐 것입니다. "더 존중해 주세요."라는 말은 열 명의 다른 사람이 열 가지 다른 방식으로 해석할 수도 있습니다.

대신에 "집안일을 하라고 할 때 소리 좀 지르지 않았으면 좋겠어요."라고 말했다면 어땠을까요? (제게 십대 아들이 있다는 게 느껴지죠?) 이렇게 말하는 것이 더 명확하게 들리나요? 당신이 상대방이었다면 제가 무엇을 요구하는지 알 수 있을까요? 만약 그렇다면, 이것은 명확하고 구체적인 설명의 예가 될 수 있습니다.

다음은 에드워도가 자신의 목표를 설명하는 첫 번째 시도를 제시합니다.

"나는 당신(엔리케)이 주말에 날 더 많이 도와주길 바라."

이 설명에 대해 어떻게 생각하나요? 에드워도가 당신에게 "주말에는 날 더 많이 도와주세요."라고 부탁한다면 당신은 무엇을 해야 하는지 알 수 있을까요? 당신이 엔리케라면 '더 많이 도와주는 것'이 아이들을 돌보는 것을 더 많이 도와 달라는 뜻이라고 어렴풋이 알 수 있겠지만, 어떤 식으로 도우라는 거죠? 언제 도와 달라는 거예요? 엔리케는 아마 무엇을 해야 할지 잘 모를 것입니다.

에드워도가 목표를 좀 더 구체적으로 수정하면서 작성한 내용은 다음과 같습니다.

"나는 당신(엔리케)이 토요일 아침에는 아이들을 축구장에 데려가고 주말에 적어도 한 번은 저녁을 만들어 주면 좋겠어."

엔리케가 이 글을 읽는다면 에드워도가 원하는 것이 무엇인지 훨씬 더 잘 알 수 있을 것입니다. 마음만 먹는다면 에드워도를 돕기 위해 무엇을 해야 할지 정확히 알 수 있겠죠.

에드워도의 요청은 명확했지만, 그래도 여전히 무언가 빠진 것이 있습니다. 이 요청이 에드워도에게 왜 중요한가요? 자신이 원하거나 필요로 하는 것이 무엇인지 생각할 때, 왜 당신이 그것을 원하고 필요로 하는지 생각해 보세요. 왜 이 목표가 당신에게 중요할까요? 상대방이 내가 요청한 대로 해 주면 나에게 어떤 식으로 도움이 될까요? 당신의 목표가 당신에게 왜 필요한지 곰곰이 생각해 보았다면, 이제 왜 그 목표가 중요한지 상대방에게 말할 준비가 된 것입니다. 대개 어떠한 일이 그 사람에게 중요한 이유를 알게 되면, 사람들은 더 기꺼이 그 일을 해 주려고 할 가능성이 커집니다.

에드워도가 생각해 낸 방법은 다음과 같습니다.

"토요일에는 당신이 아이들을 축구장에 데려가 주고, 적어도 한 끼는 요리를 해 주면 나는 내가 재충전할 수 있도록 혼자만의 시간을 가질 수 있을 거야. 그러면 난 토요일 아침에 달리기도 할 수 있겠지. 건강한 몸을 유지하는 게 나한테 중요한 거 알잖아. 그런데 최근에 난 달리기를 할 시간이 없었어. 이렇게만 할 수 있다면 주중에 스트레스를 덜 받을 수 있을 것 같아."

이제 당신의 차례입니다. [연습 9-2]에서 목표를 기술하세요. 당신이 [연습 9-1]의 '관계에게 원하는 것이 무엇인지 기술하기'에 쓴 내용을 살펴보세요. 그것을 구체적으로 설명하세요. 누가 봐도 당신이 무엇을 부탁하고 있는지 알 수 있도록 아주 명확하게 설명해야 합니다.

연습 9-2 목표를 기술하고 이 목표가 중요한 이유 설명하기

나의 목표는 무엇인가요? 내가 원하거나 필요한 것이 무엇인가요? 다음 빈칸에 최대한 명확하고 구체적으로 당신의 목표를 기술해 보세요.

나의 목표가 중요한 이유는 무엇인가요? 목표를 달성하는 것이 나에게 왜 중요한지 다음 빈칸에 적어 보세요. 이러한 요구가 충족되면 어떻게 도움이 될지 명확하게 기술하세요.

관계

DBT에서 또 다른 중요한 대인관계 우선순위는 관계입니다. DBT 대인관계 효과성 기술은 당신의 요구를 충족시키면서도 좋은 관계를 증진시키거나 유지하는 데 도움이 됩니다. 따라서 관계 우선순위를 정할 때는 상대방이 나에 대해서, 그리고 나와의 관계에 대해서 어떻게 느끼기를 바라는지 자신에게 물어보세요. 다른 사람의 감정을 통제할 수는 없지만, 당신과의 관계를 강화하는 방식으로 소통할 수 있고, 상대방이 나 자신과 나와의 관계에 대해 좋은 감정을 느낄 수 있는 방식으로 대화할 수 있습니다. 이러한 의사소통 방식은 상대방이 내가 요청한 것을 들어줄 가능성도 높여 주죠.

에드워도에게 엔리케가 어떻게 느꼈으면 좋겠는지 질문했을 때, 그는 이렇게 대답했습니다. "엔리케가 하는 모든 일을 제가 이해하고 있다는 것을 엔리케가 느꼈으면 좋겠어요. 그리고 제가 엔리케를 몰아붙이거나 제 책임을 떠넘기거나 그녀를 이용하려는 게 아니라는 것도 느꼈으면 좋겠어요."

[연습 9-2]에서 명확하게 쓴 목표를 고려해서 상대방이 나와 나와의 관계에 대해 어떻게 느끼기를 바라는지 생각해 보세요. 그리고 당신의 관계 우선순위를 기술하기 위해 [연습 9-3]을 사용해 보세요.

연습 9-3 관계 우선순위 기술하기

나의 관계 우선순위는 무엇인가요? 당신은 상대방이 나와 나와의 관계에 대해 어떻게 느끼길 바라나요? 이 사람과의 대화가 이 관계에 어떤 영향을 미치기를 원하시나요? 우선순위를 다음 빈칸에 명확하고 구체적으로 기술해 보세요.

자기 존중

순서는 마지막이지만 중요하기로 따지면 어디에도 뒤지지 않는 (특히 수치심이라면 더더욱) 또 다른 중요한 우선순위는 바로 자기 존중입니다. 이상적으로, 관계에서 자신의 욕구를 충족시키는 것은 상호 윈-윈-윈의 상황입니다. 당신은 필요한 것을 얻고, 상대방은 좋은 감정을 느끼며, 당신도 스스로에 대해서 좋은 감정을 느낄 테니까요.

어떤 면에서 자기 존중은 수치심과 반대되는 개념입니다. 자기 존중은 자신과 자신의 선택, 그리고 자신의 행동에 대해 좋은 감정을 느끼는 것입니다. 나 자신의 감정, 의견, 욕구를 존중하는 것이기도 하죠. 자신의 욕구를 진지하게 받아들일 때 자기 존중감을 느낄 가능성은 더 높아집니다. 따라서 자기 존중을 유지할 수 있는 방식으로 행동하는 것은 수치심을 이겨 내는 방법이며, 반대로 행동하기(제8장)를 연습하는 또 다른 방법이기도 합니다.

에드워도는 엔리케와의 상황이 자기 존중과 어떤 관련이 있는지 고민한 끝에 다음과 같은 우선순위를 생각해 냈습니다.

'난 내 감정을 진지하게 받아들이고 싶어. 난 집안 살림을 꾸려 나가기 위해 많은 일을 하고 있고, 때로는 건강과 체력, 휴식의 필요성 등 나에게 중요한 것들을 제쳐 두기도 하지. 난 내 의사를 확실하게 전달하면서도 엔리케에게도 친절하게 대하고 있다고 느끼고 싶어.'

(이 책의) 연습 활동을 하면서 당신이 노력해 왔던 상황을 떠올리고, 당신이 스스로에 대해 어떻게 느끼고 싶은지 생각해 보세요. 당신이 필요한 것을 요청하면 나 자신에 대한 기분이 더 나아질까요? 나 자신의 욕구를 진지하게 받아들이고 자신을 중요하게 대하는 느낌을 가질 수 있을까요? [연습 9-4]를 통해서 자기 존중의 우선순위를 기술해 보는 연습을 해 보세요.

연습 9-4 자기 존중의 우선순위 기술하기

나의 자기 존중의 우선순위는 무엇일까요? 필요한 것을 부탁할 때나 부탁하고 난 후에 나 자신에 대해서 어떻게 느끼고 싶나요? 다음 빈칸에 이 우선순위를 명확하고 구체적으로 기술하세요.

필요한 것 추구하기

우선순위를 잘 파악했으니 이제 필요한 것을 부탁하는 방법을 알아볼 차례입니다. 기본적으로는 명확하게 요청하고, 상대방과의 감정과 관계를 고려하면서도 자기 존중을 유지할 수 있는 방식으로 부탁하는 것이 가장 효과적입니다. 어딘가 익숙한 말 같죠? 필요한 것을 부탁할 때는 이 세 가지를 우선 염두에 두세요.

DEAR 기술

DBT에는 각 우선순위에 맞는 기술이 있습니다. 간단히 설명해 보면, DEAR 기술은 당신이 목표를 달성하는 데 도움을 주는 기술입니다. GIVE 기술은 관계 우선순위에 도움이 됩니다. 마지막으로, FAST 기술은 자기 존중을 유지하는 데 도움이 되고요. 그렇다면 이 기술들을 살펴볼까요?

다음은 DEAR 기술에 대한 설명입니다.

설명하기(Describe: D) 상황을 상대방이 이해할 수 있게 명확하게 설명하세요. 구체적으로 말하고, 판단하거나 비난하는 언어는 피하세요. 에드워도가 상황을 설명한 방식은 다음과 같습니다. "엔리케, 난 일주일 내내 육아를 많이 했고, 내가 주말에 제대로 쉬지 못한다는 것을 알게 됐어."

표현하기(Express: E) 상황에 대해 어떻게 느끼는지 표현하세요. 자신의 감정, 생각 또는 의견을 설명할 때는 '나 전달법'을 사용해서 설명해 보세요. 판단적인 표현이나, 상대방 때문에 어떤 감정이 '유발된다'는 뉘앙스를 주는 표현은 피하세요. 에드워도는 이렇게 표현했습니다. "난 점점 지쳐 가고 있어. 낮 동안에 더 피곤하고, 토요일에 아이들을 축구에 데려가는 것에 진절머리가 나기 시작했어. 예전에는 이게 즐거웠는데 말이야. 내게 휴식시간이 조금 생기고 예전처럼 다시 운동과 달리기를 할 수 있다면, 내가 재충전하는 데 도움이 될 것 같아."라고 말했습니다.

주장하기(Assert: A) 원하는 것을 부탁해 보세요. 상대방이 내가 무엇을 요구하는지 정확히 알 수 있도록 구체적이고 명확하게 말해 보세요. 뱅뱅 돌려서 말하는 건 되도록 피하세요. 자신감 넘치게 말하되, 친절하게 이야기하세요. 에드워도는 이렇게 말했습니다. "토요일에 아이들을 축구에 데려다주고, 토요일이나 일요일 중 한 번은 저녁을 만들어 줄 수 있을까?"

강화하기(Reinforce: R) 당신이 부탁하는 일을 상대가 하는 것이 어떻게 당신에게 도움이 될지 상대방에게 미리 알려 주세요. 당신과 상대방 모두에게 어떻게 도움이 될 수 있을지도 생각해 보세요. 에드워도의 경우에는, 덜 피곤하다면, 아마 더 행복할 것이고, 따라서 밖에 나가서 재미있는 활동(에드워도는 코미디 클럽에 가는 것을 정말 좋아하지만 요즘은 그러고 싶은 기분이 아닙니다)에도 기꺼이 참여할 것입니다. 에드워도를 좀 더 도와주는 것이 엔리케에게는 어떤 이득이 될까요? 사실 엔리케는 열렬한 축구 팬이었으며, 딸들의 경기에 가지 못하는 것에 대해 죄책감을 느끼고 있었습니다. 또 요리하는 것도 좋아하지만 일이 너무 많아서 요리를 할 기회도 없었죠. 이러한 활동들이 주말에 할 일만 많아지게 하는 것처럼 보이지만, 사실 엔리케에게는 의미 있는 일이 될 것입니다.

자, 이제 직접 해 봅시다. [연습 9-5]에서는 상황을 설명하고(D), 당신이 어떻게 느끼는지 표현하고(E), 자신의 필요를 주장하고(A), 강화하거나(R), 당신이 부탁한 대로 하면 상대방에게 어떤 이점이 있는지 알려 주세요. 이것을 글로 써 보면 활용할 수 있는 '대화 대본'이 생겨서 상대방에게 자신의 요구사항에 대해 이야기할 때 더 잘 준비된 상태가 될 수 있습니다.

연습 9-5 DEAR 대본 작성하기

앞서 설명한 DEAR 기술을 사용해 상대방에게 할 말을 대본으로 작성해 보세요. 도움이 필요하다면 에드워도의 예시를 참고하거나 신뢰할 수 있는 친구, 상담사/치료사 또는 사랑하는 사람에게 도와 달라고 부탁해 보세요.

상대방에게 무엇을 원하고 필요로 하는지 **설명하세요(D).**

'나 전달법'을 사용해서 당신의 생각과 감정을 **표현하세요(E).**

당신이 원하는 것이 무엇인지 구체적으로 **주장하세요(A).**

당신이 부탁하는 일을 상대방이 들어주는 것이 어떻게 상대에게도 도움이 되는지 알려 주거나, **강화하세요(R).**

GIVE 기술

자, 여기에는 당신의 관계 우선순위에 적합하게 맞춰진 GIVE 기술을 소개합니다.

부드러운 태도 취하기(Gentle: G) 친절하고 배려 깊게 접근하세요. 위협이나 최후통첩은 피하세요.

관심 보이기(Interested: I) 상대방의 의견, 감정, 경험, 관점에 관심을 표현하세요. 상대방과 대화할 때는 마음챙김을 유지하세요. 상대방에게만 집중하세요.

타당화하기(Validate: V) 당신이 상대방의 입장을 이해한다는 것을 전달해 보세요. 상대가 어떻게 느끼는지, 그리고 그렇게 느끼는 것이 이해가 된다는 것을 보여 주세요. 상대방 감정이 또는 생각을 판단하는 것은 피하세요. 모든 생각과 감정은 어느 정도 이해할 수 있는 것입니다. 설령 당신이 그 생각과 감정에 동의하지 않다고 하더라도 말이죠.

편안한 태도 취하기(Easy manner: E) 부드럽고 친절한 태도를 가지세요. 사람들을 비판 또는 비난하거나, 압박하는 것을 피하고, 가능하면 유머를 사용하면 좋습니다. 당신이 요청하는 것이 '정말 납득이 가게' 설득시켜 보세요. 상대방이 당신이 부탁하는 일을 하고 싶다고 느낄 수 있도록 도와주세요.

다음은 앞의 GIVE 기술을 포함한 에드워도의 DEAR 대본의 예시입니다.

설명하기(D) 엔리케, 나는 널 사랑해. 그리고 네가 우리 가족을 위해서 하는 모든 일에 감사해. (부드럽고, 편안한 태도 취하기) 그런데 한 주 동안 내가 육아를 많이 했고, 주말에도 쉴 수 없었어. 그렇지만 난 네가 열심히 일한다는 것도 알아. 하루에 12시간 일을 하니, 아마 집안일을 더 하라는 게 썩 내키지 않을 수도 있어. (타당화하기)

표현하기(E) 그런데 난 요새 점점 지쳐 가는 느낌이 들어. 낮에는 더 피곤하고, 토요일에 아이들을 축구에 데려가는 거에 진절머리가 나기 시작했어. 예전에는 즐거웠는데 말이야. 내게 휴식시간이 조금 생기고 다시 운동과 달리기를 할 수 있다면, 내가 재충전하는 데 도움이 될 것 같아.

주장하기(A) 토요일에 우리 아이들을 축구에 데려가 주고, 토요일이나 일요일에 한 번은 저녁을 만들어 줄래? 그렇게 하는 것에 대해서 어떻게 생각해? (관심 보이기)

강화하기(R) 그러면 난 덜 피곤해질 거고, 그러면 너랑 코미디 클럽에 갈 에너지도 생길 것 같아. 그리고 아마 너도 우리 아이들이 축구하는 것을 보며 즐거워할 거야. 얘네 실력이 많이 늘었더라. (편안한 태도 취하기)

[연습 9-5]에서 작성한 DEAR 대본의 내용을 다시 살펴보면서, [연습 9-6]에서는 GIVE 기술을 더하여 당신의 대본을 개선해 보세요. 좀 더 부드럽고, 더 편안하고, 더 따뜻하고, 더 친절하게 말할 수 있는 방법이 있는지 생각해 보세요. 상대방이 느끼는 기분을 타당화하는 데 있어서 (대본에) 추가할 방법이 있을까요? 상대의 생각을 물어보는 것만으로도 괜찮으니, 상대방의 입장에 관심을 표현할 방법에는 어떤 것이 있을까요?

연습 9-6 DEAR 대본에 GIVE 추가시키기

대인관계 목표를 이루는 걸 도와줄 수 있는 GIVE 기술을 사용해서 당신의 DEAR 대본을 좀 더 따뜻하고 부드럽게 만들어 보는 것이 필요하다고 생각된다면, DEAR 대본에 GIVE 기술을 적용하여 수정된 DEAR 대본을 작성해 보세요.

(GIVE가 추가된) **설명하기(D)**

(GIVE가 추가된) **표현하기(E)**

(GIVE가 추가된) **주장하기(A)**

(GIVE가 추가된) **강화하기(R)**

자기 존중과 존엄성 향상시키기

우리는 자기 존중 우선순위를 이루는 데 도움이 되는 몇 가지 기술을 가지고 있습니다. 우리는 이 기술을 FAST 기술이라고 부릅니다.

FAST 기술

공정하게 대하기(Fair: F) 자신과 다른 사람들을 공정하게 대하세요. 자신의 요구와 타인의 요구 사이의 균형을 맞추세요. 다른 사람 위에 군림하거나, 다른 사람이 당신을 막 대하도록 내버려둔다면, 자기 존중감을 느끼기 어렵습니다.

에드워도는 엔리케가 일을 많이 한다는 점을 염두에 두었습니다. 그래서 엔리케에게 토요일과 일요일 모두 저녁을 만들어 달라거나, 주말에 딸들이 하는 모든 활동(토요일에는 축구, 일요일에는 댄스)에 아이들을 차로 데려다주기를 부탁하지는 않았습니다. 에드워도는 자신의 필요를 충족시킬 수 있는 요구를 하면서도 엔리케가 휴식과 재충전을 할 필요가 있다는 점을 염두에 두었습니다.

사과하지 않기(No Apologies: A) 이는 당신이 절대 사과하지 말라고 말하는 것이 아닙니다. 누군가에게 피해를 끼치거나 자신이 되고 싶은 사람의 모습과 일치하지 않는 행동을 했다면 당연히 사과를 해야겠죠. 그러나 어떤 사람들은 미안하다는 말을 너무 많이 하고, 사과를 하지 않아도 될 일에도 미안하다고 합니다. 수치심을 많이 느끼는 사람들이 특히 그렇죠. 자신이 하는 많은 일이 잘못되었다는 생각을 하게 되면 자주 사과하게 되는데, 사실 사과할 필요가 없을 때도 사과하고 있을 수 있습니다. 다음은 사과할 필요가 없는 몇 가지 사항입니다.

- 내가 어떻게 느끼는지
- 나의 의견, 내가 원하는 것, 나의 욕구
- 나의 성격
- 내가 인생에서 겪었던 어려운 경험
- 나의 감정
- 나의 신체적 또는 정서적 고통

• 옳지 않다고 생각하는 일은 하지 않겠다는 의지

따라서 에드워도가 주말에 휴식이 필요하다고 한 부분과 지쳤다고 느낀 부분, 엔리케에게 도움을 요청한 것에 대해서는 사과할 필요가 없습니다. 언제 사과하고 싶은 충동이 드는지 생각해 보세요. 사과하기 전에 내가 정말 사과해야 할 일인지 스스로에게 물어보세요. 과도하게 사과하는 것을 피하는 것은 수치심을 점진적으로 사라지게 하고, 자기 존중을 유지하는 데 도움이 될 것입니다.

자신의 가치 고수하기(Stick to values: S) 자신이 옳다고 믿는 일을 일관되게 선택하는 것은 자기 존중을 유지하는 데 도움이 됩니다. 우리 모두가 나 자신이 되고 싶은 사람과 일치하지 않는 일, 즉 누군가로부터 자신의 가치관에 맞지 않는 일을 하도록 요구당하거나 권유받는 상황에 처한 적이 있을 것입니다. 당신이 사람들과 어울리고 있는데, 그들이 여기에 없는, 당신이 정말 좋아하는 사람에 대해 험담을 하고 있다고 가정해 봅시다. 그들이 그 사람에 대해 하는 말에 동조하면서 불편한 기분을 느끼지 않았나요? 다른 사람들에게 험담은 하지 말아 달라고 부탁해 보는 것은 어떨까요? 그렇다면 그 후에 자신의 기분이 어땠는지 생각해 보세요. 자신의 가치관에 반하는 행동을 하는 것은 자기 존중감에 큰 타격을 줄 수 있습니다.

진실하게 행동하기(Truthful: T) 이상하게 들릴지 모르지만 진실을 말하는 것도 자기 존중을 유지하는 또 다른 방법입니다. 이는 반드시 거침없이 직설적으로 말해야 한다는 뜻이 아닙니다. 우리 중 한 명이 즐겨 보는 드라마 〈팍스 앤 레크리에이션(Parks and Recreation)〉의 캐릭터인 '도나(Donna)'에게 어떤 인물이 자신의 새 셔츠에 대해 어떻게 생각하냐고 물었을 때, 도나는 이렇게 대답했죠. "제가 가장 좋아하는 셔츠는 아닌데요. 가장 싫어하는 셔츠도 아닌 것 같아요." 우리가 말하고 싶은 것은 이런 말이 아니라, 자신의 욕구, 필요, 감정, 의견에 대해 솔직해지는 것이 자기 존중감을 유지하는 데 도움이 된다는 것입니다.

누군가 당신과 저녁을 먹자고 초대했을 때, 직장에서 긴 하루를 보내고 난 후 새로 산 책과 함께 여유로운 시간을 보내고 싶은데, 상대방의 기분을 상하게 하지 않기 위해서 혹은 혼자 시간을 보내고 싶다는 것이 부끄러워서 선의의 거짓말을 하려는 유혹이 있을 수 있습니다(예: "회의가 있어요." 혹은 "다른 해야 할 일이 있어요."라고 말하기). 수치심을 느낄 때나 자신의 정체성, 관심사, 선호하는 것을 숨기고 싶게 만들 수 있습니다. 자신이 무엇을 원하고 있는지, 무엇이 필요한지(이 경우에는 혼자 있는 시간) 진실되게 말하는 것이 수치심을 극복하는 방법 중 하나입니다. (이것은 어떻게 보면 수치심에 반대로 행동하기의 일종이라고 할 수 있죠.) 또한 내가 진정으로 원하는 것이 무엇인지, 내가 어떻게 느끼는지 사람들에게 솔직하게 표현하는 것은 다른 사람들이 당신을 더 잘 알도록 하여 관계를 강화하는 데 도움이 됩니다.

수치심 때문에 정말 하고 싶었던 말을 하지 못했거나 누군가에게 자신의 진짜 감정을 말하지 못했다고 느꼈던 때를 생각해 보세요. 그 당시 당신이 FAST의 'T'를 연습하고 있었더라면, 할 수 있었을 말을 다음 빈칸에 적어 보세요.

앞으로 나아가기

이 장에서는 수치심이 대인관계를 망치지 않도록 하는 방법을 중점적으로 다루었습니다. 다시 정리해 보면, 수치심은 인간관계에 부정적인 영향을 미칠 수 있습니다. 당신이 사람을 피하게 만들고, 자신의 생각과 감정, 나의 욕구를 숨기고 싶게 만들죠. 사람들을 피하는 것은 고립으로 이어져 수치심을 더욱 악화시킬 수 있습니다.

자신을 숨기는 것은 정서적 친밀감(을 형성하는 것)을 방해하고, 아무리 당신이 사람들과 주기적으로 어울리더라도 고립감과 외로움을 느끼게 할 수 있습니다. 이 장에서는 관계에 대한 마음챙김을 하고, 우선순위(목표, 관계, 자기 존중)를 파악하며, 자신이 원하는 것을 관계에 도움이 되는 효과적인 방식으로 부탁하고, 자기 존중 또한 유지하는 기술을 배웠습니다. 수치심이 관계에 해를 끼치지 않도록, 수치심을 다룰 때 기억해야 할 가장 중요한 두 가지 사항은 다음과 같습니다.

- 수치심이 시키는 대로 행동하지 않기(즉, 회피하거나 자신을 숨기는 행동을 피할 것)
- 다른 사람의 욕구와 감정을 존중함과 동시에 나 자신이 원하는 것, 나의 욕구, 감정, 의견도 중요한 것처럼 행동하기

축하합니다! 이제 이 책의 거의 끝부분에 다다랐습니다. 이제 수치심을 관리하고 대처하는 데 도움이 되는 다양한 DBT 기술을 모두 배웠으니, 마지막 장에서는 이러한 기술을 어떻게 통합하여 수치심 없는 삶을 만들어 갈 수 있는지 다룰 것입니다.

종합적으로 정리하기

축하합니다!『수치심 극복을 위한 변증법적 행동치료 기술 워크북』의 마지막 장까지 잘 따라왔습니다! 이제 당신이 수치심이 무엇인지, 왜 일어나는지, 언제 수치심이 일어날 가능성이 가장 높은지 더 잘 이해하게 되었기를 바랍니다. 그리고 수치심을 다루고 그것이 당신의 삶에 미치는 영향을 줄이기 위해 사용할 수 있는 다양한 DBT 기술을 더 잘 알게 되었기를 바랍니다.

이 마지막 장에서는 수치심에 대처하는 방법에 대해 배운 내용을 종합적으로 정리해 볼 것입니다. 먼저, 제2장의 아만다의 사례를 다시 살펴볼 것입니다. 아만다가 수치심을 회복하고 수치심 너머로 나아가기 위한 노력의 과정에서 어떻게 발전했는지 살펴볼 것입니다. 그다음에는 수치심에 대해서 기억해야 할 핵심 사항을 되짚어 보고, 자신의 수치심 패턴에 대해서 성찰할 기회를 줄 것입니다. 그런 다음, 수치심에 성공적으로 대처했던 때를 떠올리며 이를 되새길 수 있는 연습을 소개해 줄 것입니다. 마지막으로, 제3장에서 다룬 기술 중 하나인 미리 대처하기 기술을 다시 돌아보며 이 장을 마무리할 것입니다. 이 책에서 배운 다른 기술들처럼 소중한 이 기술이 어떻게 수치심이 당신의 삶에 미치는 영향에서 벗어나는 데 도움이 되는지 알아볼 것입니다.

다시 찾아본 아만다

아만다는 6개월 동안 상담을 받으며 DBT 기술을 배우고 있습니다. 자해는 거의 멈췄습니다. 가끔씩 자해를 하고 싶을 때가 있지만 그동안 한 번 정도밖에 하지 않았습니다(자해로부터 회복하는 과정에서 흔히 일어나는 일입니다). 자신의 현재 위치나 외모에 대해 수치심을 느낄 때마다, 아만다는 마음속으로 한 걸음 물러나 "아, 또 수치심이구나."라고 말합니다. 그리고 아만다는 잠시 동안 그 감정을 의식적으로 관찰한 후, 다음에는 무엇을 해야 할지 결정을 내립니다. 시간이 있을 때는 반대로 행동하기를 실천하여 자신에게 적극적으로 친절하게(못되게 대하기보다는) 대하면서 수치심에 대처합니다. 특히 음악을 듣거나 따뜻한 담요를 덮고 몸을 웅크리거나 자연 속에서 시간을 보내는 등 마음을 치유하는 활동을 즐깁니다.

아만다는 팩트 체크하기를 사용하며 수치심을 불러일으키는 상황을 글로 쓰고, 자신에게 부정적인 판단은 전부 없앤 후 사실에만 집중해서 다시 쓰기도 합니다. 예를 들어, '실패자' '어색한' 그리고 '못생긴'이라는 단어들이 그녀의 머릿속으로 스멀스멀 들어올 때도 있고, 글을 쓸 때 종이 위에서 나타날 때도 있습니다. 아만다는 '실패자'라고 쓰는 것 대신에 '아직 내가 받은 교육을 활용할 수 없는 직업에 있는 게 실망스러워.'라고 씁니다. '못생긴'이라는 단어 대신에 '나는 내 몸을 있는 그대로 받아들이는 데 어려움을 겪고 있어.'라고 씁니다. '어색한'이라고 쓰는 대신에 아만다는 '불안하고 어딘가 나 혼자 동떨어진 느낌이 들어.'라고 씁니다.

대인관계에서의 수치심에 대해서 말해 보자면, 아만다는 이제 친구들과 훨씬 더 개방적이고 정직하게 대하는 법을 배웠습니다(반대로 행동하기). 친구들의 삶에 질투가 난다면, 그런 부분을 친구들에게도 말해 주고 함께 대화를 시작합니다. 아만다는 이제 자신의 욕구가 중요한 것처럼 행동하기 시작했습니다. 아만다가 말을 나눌 상대가 필요할 때는 다른 사람을 피하거나 스스로를 고립시키는 대신, 사람들에게 먼저 연락하죠.

또한 아만다는 자신이 필요한 도움을 요청하는 법도 배우는 중입니다. 며칠 전 아만다의 친구 론(Ron)이 그녀가 지원해 볼 수 있는 일자리를 자꾸 제안하자, 아만다는 이렇게 말했습니다. "네가 정말 나를 도와주고 싶어 한다는 걸 알아. 그래서 고마워. 그런데 지금 나는 그것보다 내 이야기를 들어 줄 사람이 더 필요한 것 같아. 새로운 일자리를 찾아볼 준비가 되어 있지 않은 상태야. 하지만 내가 지금 하는 일이 내 마음에 들지 않는다는 걸 더 잘 견디려고 노력하는 중이야."

아만다는 여전히 수치심을 많이 경험하긴 하지만 확실히 수치심이 줄어들었고 수치심이 자신의 삶을 더 이상 지배하지 않는다고 느낍니다. 쉽지는 않겠지만, 많은 연습을 통해 아만다가 배우고 있는 DBT 기술은 더욱 더 자연스럽게 몸에 밸 것입니다. 가끔씩 아만다는 이 기술들을 자동적으로 사용하기도 합니다. 아만다는 자신과 자신의 관계에 대해 더 나은 느낌을 가지고, 자신의 상황도 더 잘 받아들이게 되었습니다.

수치심에 대해서 기억해야 할 중요 사항

아만다처럼 수치심으로부터 자유로워지는 길을 계속 걷기 위해서는 수치심에 대한 다음과 같은 핵심 사실을 기억하는 것이 중요합니다.

수치심은 부정적인 자의식적 감정이다. 이 말의 뜻은 수치심은 주로 자기 자신이 부족하고, 결함이 있고, 좋은 것을 누릴 자격이 없고, 나쁜 사람이라고 판단하거나 평가할 때 또는 다른 사람들이 자신에 대해서 이런 식으로 생각할 것이라고 믿어 버리거나 사람들이 자신을 거부할 것이라고 생각할 때 발생한다는 의미입니다.

모든 감정과 마찬가지로 수치심은 인지적 · 신체적 · 행동적 요소로 구성된다. 인지적 요소는 일반적으로 자신과 스스로의 특성, 행동, 또는 이력에 대한 전반적이고 부정적인 판단의 형태로 나타납니다. 신체적 요소는 수치심을 느낄 때 몸과 뇌에 일어나는 변화와 관련이 있습니다. 체온과 심박수가 변하거나, 근육의 긴장이 느껴지거나, 속이 메스껍고 뱃속이 철렁 가라앉는 것과 같은 감각을 느끼는 경우도 있죠. 뇌의 변화와 같은 다른 신체적 변화는 당신이 실제로 알아챌 수 없는 것들입니다. 행동적 요소는 수치심을 느낄 때 하고 싶어지는 행동과 실제로 하는 행동이 포함됩니다.

수치심은 우리에게 수치심을 지속하는 일을 계속하고 싶게 만든다. 수치심은 종종 사람들에게 자신과 자신이 어떤 사람인지, 자신의 배경이나 역사를 숨기고 싶게 만들기도 합니다. 문제는 자신을 숨기거나 자신에 대해 숨기는 부분을 다른 사람들에게 보여 주지 않으면, 대부분의 사람이 당신을 있는 그대로 받아들인다는 사실을 배울 기회를 갖지 못한다는 것입니다. 그리고 수치심은 당신에게 당신은 받아들여질 수 없다고 말하지만 그것은 사실이 아니라는 것을 배울 기회도 얻지 못하게 하죠. 게다가 자신의 일부를 숨기는 것은 자신의 뇌에게도 '나에게는 무언가 숨길 것이 있다.'거나 '무언가 잘못되었다.'라는 메시지를 보내게 되어, 수치심을 더 크게 느끼게 할 수 있습니다. 마지막으로, 수치심은 자신에게 중요한 사람이나 활동을 피하고 싶게 만들 수 있으며, 장기적으로는 당신을 더욱 고립되고, 외롭고, 비참하게 만들며, 스스로 다른 사람들과 단절되었다는 느낌을 줄 수 있습니다. 이 책에 소개된 기술들이 수치심을 이겨 내고, 수치심이 당신의 삶을 지배하는 영향력을 줄이는 데 도움을 줄 수 있는 이유가 바로 여기에 있습니다!

수치심에 도움이 되는 DBT 기술

수치심은 고통스럽고, 지속적이며, 다루기 어려운 감정이긴 하지만 우리는 DBT 기술이 이것을 다루는 데 도움이 될 수 있다는 것을 당신이 배웠기를 바랍니다. 이 책을 통해 우리는 수치심을 다루기 위해 사용할 수 있는 많은 기술을 가르쳐 주었습니다. 하지만 이 대부분의 기술을 사용하시기 전에 먼저 스스로가 수치심을 느끼고 있다는 사실을 알아채야 합니다. 수치심의 감정을 빨리 알아챌수록 그것을 다루고 줄이기 위하여 이 책에 소개된 다른 기술들도 빨리 사용할 수 있게 됩니다. 그러니 자신의 수치심 패턴에 대해서 알게 된 것을 떠올려 보기를 바랍니다.

제3장에서 완료한 연습을 시작점으로 삼아도 좋습니다. 또한 이 기회를 통해 그 연습을 완료한 이후로 수치심에 대한 자신의 경험을 돌아보기를 바랍니다. 이 워크북을 읽고 스스로의 수치심에 대해 더 많이 배우게 되면서, 수치심이란 나에게 어떤 느낌인지, 그리고 내가 수치심을 경험할 때 나타나는 초기 징후가 무엇인지에 대해 더 잘 알게 되었기를 바랍니다. 그렇다면 새로 알게 된 정보에 대해 생각해 보고 그것을 다음 페이지에 적어 보세요.

수치심에 대한 DBT 기술 성공 사례

이제 당신의 경험과 수치심의 패턴에 대해 배운 내용을 되돌아보았으니, 이 책을 마무리하면서 수치심에 성공적으로 대처한 사례를 살펴보는 것도 도움이 될 것입니다. 부정적인 감정이나 수치심 같은 어려운 감정과 싸우고 있을 때면, 부정적인 사건이나 기억이 쉽게 떠오를 수 있습니다. 예를 들어, 기술을 사용하지 못했거나, 원하는 만큼 잘 대처하지 못했거나, 저녁 내내 수치심에 사로잡혀 사람들을 피했던 일 등이 생각날 수 있겠죠. 반대로, 수치심에 효과적으로 대처했던 긍정적인 경험이나 잘 대처했던 때의 기억은 생각만큼 쉽게 떠오르지 않을 수 있습니다. 하지만 나 자신이 수치심에 효과적으로 대처한 경험을 통하여 배우는 것은 중요합니다. 이러한 경험을 되돌아보는 것이, 기억해 두었다가 나중에 활용하고 싶은 DBT 기술을 파악하는 데 도움이 될 수 있습니다.

[연습 10-1]을 활용하여 강한 수치심을 경험했지만 효과적으로 대처했던 때를 설명해 보세요. 수치심을 잘 다루어 자부심을 느꼈던 때가 있는지 생각해 보세요. 많은 사람이 자부심은 수치심과 반대되는 감정이라고 생각합니다. 수치심과 자부심을 동시에 느끼는 것은 어렵기 때문입니다. 스스로의 대처 방식에 자부심을 느꼈던 순간을 적어 두면, 나중에 언제든지 당신이 적어 둔 부분을 다시 읽고 당시에 어떻게 느꼈는지 상기할 수 있습니다. 또한 그때 효과적이었던 방법을 되새기며, 앞으로 어떤 방법이 도움이 될지 기억할 수 있을 것입니다.

이 연습을 시작하기 전에, 몰리의 사례를 예시로 들어 보겠습니다. 몰리가 사용한 DBT 기술은 대괄호와 볼드체로 표시해 놓았습니다.

나는 불안했지만, 나이절(Nigel)의 집에서 그의 새 여자친구와 다른 친구 몇 명과 만날 약속을 지키기로 했다. **[불안에 반대로 행동하기]** 새로운 사람들 앞에서 수치심을 자주 느끼는 것을 알기 때문에 나는 전날 밤에 숙면을 하고 끼니를 거르지 않으려고 노력했다. **[수치심에 대한 취약성 감소]** 식사를 거르면 감정이 더 격렬해지고 스트레스를 더 많이 받기 때문에, 수치심에 취약한 상태로 상황에 들어가지 않으려고 했다. 어떤 옷을 입을지 걱정했지만, 난 그냥 가장 편한 옷을 입고 당당하게 나타나기로 결심했다. **[반대로 행동하기]** 하지만 막상 모임에 나타난 내 모습을 생각하니 뱃속이 철렁 내려앉는 느낌, 빨개진 뺨, 숨이 막히는 느낌 등 누가 보아도 뻔한 수치심의 징후가 느껴지기 시작했다. 난 이러한 신체적 감각을 알아차리고, 싫더라도 이 느낌이 존재한다는 것을 받아들이는 연습을 했다. **[마음챙김]** 나는 마음을 가다듬으며 준비를 하고, 차에 올라타 좋은 노래를 틀었다. **[주의 전환]** 그곳에 도착했을 때, 난 내가 '나는 이 사람들보다 못하고, 매력적이지 않아.'와 같은 생각을 하고 있음을 알아차렸다. '왜 다들 나보다 훨씬 나은 걸까?' '나는 뭐가 문제인 거지?' 나는 내 마음에서 한 걸음 물러서서 스스로에게 이렇게 말했다. "이건 사실이 아니라 생각일 뿐이야." **[생각의 마음챙김]** 스스로를 판단하는 것은 수치심에 불을 붙이는 윤활유밖에 되지 않는다는 것을 나 자신에게 상기시켰다.' 나는 이 사람들을 모르고, 그러니 그들이 나보다 낫다고 생각할 이유도 없어. 누군가가 어떤 사람들보다 더 낫다는 둥, 이런 생각을 할 이유도 없지. 난 나이절의 가장 친한 친구이고 그의 삶에서 중요한 부분을 차지하는 사람이야. 나는 나이절의 여자친구와 그 친구들을 만나 서로 알아 가고, 즐거운 시간을 보내기 위해 이곳에 왔어.' **[팩트 체크하기]** 저녁 식사를 하고 함께한 게임에서 나는 최선을 다해 대화에 집중하고 게임에 몰두했어. **[마음챙김으로 참여하기]** 상황은 꽤 괜찮았지만, 게임이 끝난 후 나는 집에 가고 싶다는 생각이 들었어. 나이절이 조금 더 머무르지 않겠냐고 물어봐서 좋았지만, 그러고 싶지 않았지. 다음 날 출근하기 위해서 일찍 일어나야 했기 때문에 집에 가서 쉬고 싶었어. 난 나이절에게 즐거운 시간을 보냈지만, 좀 쉬고 싶다고, 그래서 빨리 가야 할 것 같다고도 말했어. **[대인관계 효과성 기술]** 난 집에 돌아와서 좀 피곤했지만, 그 모든 대처가 꽤 힘든 일이었어! 내가 사용한 이 모든 대처법은 정말이지 꽤 많은 노력이 필요한 일이었어! 난 따뜻한 물로 목욕을 하고 잠자리에 들었어. **[자기 위안, 자기 관리]** 모임에 가고, 좋은 시간을 보내고, 내가 집에 가고 싶을 때 집에 돌아온 나 자신이 자랑스러웠어. 파티에 도착했을 때의 내 수치심은 아마 10점 만점에 7점 강도였고, 떠날 때는 10점 만점에 2점 강도로 낮아졌어. 이전 파티들에 비하면 훨씬 나아졌어!

연습 10-1 스스로가 수치심에 잘 대처한 경험을 기술하기

스스로가 수치심에 잘 대처한 경험을 다음 빈칸에 기술하여 보세요. 당시 상황, 수치심과 수치심의 강도, 수치심을 다루기 위해 했던 행동, 그리고 그것이 어떻게 해결되었는지 설명해 주세요. 자신이 한 행동이 왜 그렇게 효과가 있었는지 설명해 보세요. 또한 몰리의 설명처럼 자신이 사용한 DBT 기술을 식별해 낼 수 있는지 확인해 보세요.

미리 대처하기

마무리하기 전에 한 가지 더 검토하고 싶은 기술이 있습니다. 바로 미리 대처하기 기술입니다. 제3장에서 설명했듯이, 미리 대처하기 기술은 스트레스를 유발하는 상황을 연습하고 대비하는 데 도움이 될 수 있습니다. 이 기술은 수치심을 경험할 수 있는 상황을 미리 생각해 보고 수치심이 발생했을 때 어떻게 효과적으로 대처할지 계획하는 것입니다. 어떻게 대처할 것인지에 대한 일종의 정신적 연습이라고 생각하면 됩니다. 몰리의 경우, 다음 모임에 가는 것이 수치심을 유발할 가능성이 높다고 생각할 수 있습니다. 그런 다음, 수치심을 관리하는 기술을 사용하여 그 모임을 효과적으로 극복하는 자신의 모습을 상상해 보는 것입니다.

이렇게 상상하며 연습하는 것이 실제로 연습하는 것만큼 효과적일 수 있습니다. 실제로 운동선수들은 축구, 하키, 테니스 등 다가오는 경기에서 사용해야 할 기술을 연습할 때 자주 이렇게 연습합니다. 우리 중 한 명은 무술 연습을 하는데, 무술 시험 전에 자신이 시험을 치를 다양한 동작을 수행하는 모습을 상상한 적이 있습니다.

연습 10-2 수치심에 미리 대처하기

다음은 수치심에 미리 대처하기 위한 몇 가지 지침입니다.

1단계: 편안하고 휴식을 취할 수 있는 장소를 찾습니다. 집중을 방해할 것이 없는 장소가 최적의 장소입니다. 이 연습은 편안하고 이완된 자세로 하거나, 누워서 하거나, 걸으면서도 할 수 있습니다. (어떤 사람들은 서성이거나 움직이면서 하는 것이 더 쉽다고도 합니다.)

2단계: 경미하거나 중간 강도의 수치심을 느낄 수 있는 미래의 상황을 떠올려 보세요. 처음부터 강한 수치심을 경험하는 상황에는 이 연습을 하지 마세요. 이 기술은 새로운 기술이기 때문에 약간 또는 중간 강도의 수치심에 대하여 연습한 다음에 더 강한 수치심에 대응하는 방식으로 연습하는 것이 도움이 됩니다.

3단계: 몇 분간 호흡 연습을 해 보세요. 횡격막으로 숨을 쉬는 것이 도움이 될 수 있습니다. 복부에 손을 얹고 손이 위아래로 움직이는 방식으로 천천히, 그러나 편안하게 숨을 쉬세요. 가슴으로 숨을 들이쉬고 내쉬며 얕게 호흡하지 않도록 하세요. 어깨가 위아래로 움직이는 것을 느낀다면, 어깨에 힘을 빼세요(어깨가 움직인다면 아마도 가슴으로 호흡하고 있을 것입니다).

4단계: 꽤 진정되어 마음의 중심이 잡혔다면, 수치심을 느낄 수 있는 상황에 처한 자신을 상상해 보세요. 수치심을 느끼는 강도를 0(수치심 전혀 없음)에서 10(극심한 수치심)까지 0점부터 10점까지 척도로 표시하거나 마음속으로 점수를 생각하여 보세요.

5단계: 이 과정을 편안하게 할 수 있다면, 눈을 감고 그 상황을 상상해 보세요. 마치 지금 그 상황이 일어나는 것처럼 상상하려고 노력하세요. 이 상황에서 경험할 수 있는 시각, 소리, 생각, 느낌 등을 다시 머릿속으로 그려 보세요.

6단계: 이제 책에서 배웠던 DBT 기술을 사용하며 이 상황을 잘 대처하는 자신을 상상해 보세요. 예를 들어, 자신의 수치심 징후를 마음챙김으로 관찰하는 기술을 상상하는 것부터 시작할 수 있습니다. 다음으로, 수치심이 떠오르는 상황을 스스로에게 설명하는 것을 상상해 볼 수도 있습니다. 사람들이 있다면 어떻게 상호작용할지 상상해 보세요. 예를 들어, 자신감 있는 자세를 취하고, 눈을 마주치며, 사람들과 대화할 때 개방적인 태도를 취하는 등(숨거나 그 자리를 피하지 않고) 반대로 행동하기를 사용하면서 사람들과 어떻게 상호작용할지 상상해 보세요. 자해 행동, 음주 또는 약물 사용과 같이 상황을 악화시키는 대처 방식에 저항하는 자신을 상상해 볼 수도 있습니다. 어쩌면 팩트 체크하기를 통해 자신에 대한 판단적인 생각을 재구성하는 모습을 상상할 수도 있겠죠. 자신의 상황에 가장 적합한 기술이 무엇이든, 마음속으로 그 기술을 시도해 보세요.

7단계: 약 5분에서 10분 동안 이 연습을 해 보세요. 연습이 끝나면, 자신의 수치심의 강도를 0에서 10까지 평가해 보세요. 또 시간이 있다면, 상상 속에서 연습한 기술을 적어 두면 나중에 그 기술을 기억하기가 쉽습니다.

8단계: 마지막으로, 3단계에서 언급한 복식 호흡을 다시 해 보세요. 5분 정도 이 호흡을 연습하세요. 원한다면 모든 단계를 여러 번 반복할 수 있습니다. 새로운 기술을 배울 때와 마찬가지로 연습과 반복이 중요합니다.

미리 대처하기 기술을 사용한 후에는 마음속으로 연습한 기술을 되돌아보는 시간을 갖는 것이 도움이 될 수 있습니다. 수치심을 유발하기 쉬운 상황에 놓이기 전에, '미리 대처하기' 기술을 사용하여 DBT 기술을 연습해 보면, 해당 상황에서 기술을 더 잘 사용할 수 있을 것이고, 아마도 수치심을 덜 느끼며 그 상황을 극복할 수 있을 것이라 확신합니다. 또한 수치심에 사로잡히는 대신 자신에게 정말 중요한 것에 집중할 수 있습니다. 그것이 다른 사람들과 즐겁고 만족스러운 시간을 보내는 것이든, 단순히 스스로에 대해 편안함을 느끼는 것이든 말입니다.

수치심에서 벗어나 자유를 향해 나아가기

이 워크북의 마지막 페이지를 넘긴 것을 축하합니다! 이 책에 담긴 많은 기술이 수치심 없는 삶을 향한 당신의 여정에 유용한 도구가 되었기를 바랍니다.

어려운 문제를 겪거나 어려운 감정을 느낄 때는, 두 걸음 전진했다가 한 걸음 뒤로 물러나게 되는 것처럼 느껴질 때가 있을 것입니다. 극심한 수치심을 느낄 때도 있겠죠. 이런 감정을 피할 방법은 없습니다. 하지만 이제 당신은 수치심을 다룰 수 있는 준비가 훨씬 잘 되어 있다는 점을 기억하세요. 예전의 패턴으로 돌아가거나, 자신에게 더 나쁜 영향을 미치는 행동(해로운 대처 방법 등)에 빠지는 실수를 하거나, 나중에 후회할 말이나 행동을 하더라도, 이는 일시적인 실수일 뿐입니다. 당신은 이제 새로 배운 기술을 알고 있고, 언제든 다음에 어려운 상황이 닥쳤을 때 그 기술을 효과적으로 사용하면 됩니다.

앞으로도 이 책이 수치심에 대처하는 데 도움이 되기를 진심으로 바라며, 모두에게 행운을 빕니다.

참고문헌

Bourne, E. J. (1995). *The anxiety and phobia workbook* (2nd ed). Oakland, CA: New Harbinger Publications.

Chapman, A. L., Gratz, K. L., & Tull, M. T. (2011). *The dialectical behavior therapy skills workbook for anxiety: Breaking free from worry, panic, PTSD, and other anxiety symptoms.* Oakland, CA: New Harbinger Publications.

Drapalski, A. L., Lucksted, A., Perrin, P. B., Aakre, J. M., Brown, C. H., DeForge, B. R., & Boyd, J. E. (2013). A model of internalized stigma and its effects on people with mental illness. *Psychiatric Services, 64*(3), 264-269.

Epstein, L. J., Kristo, D., Strollo Jr., P. J., Friedman, N., Malhotra, A., Patil S. P., Ramar, K., Rogers, R., Schwab, R. J., Weaver, E. M., & Weinstein, M. D (2009). Clinical guidelines for the evaluation, management, and long-term care of obstructive sleep apnea in adults. *Journal of Clinical Sleep Medicine, 5*(3), 263-276.

Lewis, H. B. (1971). *Shame and guilt in neurosis.* New York: International Universities Press.

Lewis, M., Sullivan, M. W., Stanger, C., & Weiss, M. (1989). Self development and self-conscious emotions. *Child Development, 60*(1), 146-156.

Linehan, M. M. (1993a). *Cognitive behavioral treatment of borderline personality disorder.* New York: Guilford Press.

Linehan, M. M. (1993b). *Skills training manual for treating borderline personality disorder.* New York: Guilford Press.

Linehan, M. M. (2015). *DBT Skills training manual* (2nd ed). New York: Guilford Press.

Linehan, M. M. (2020). *Building a life worth living: A memoir.* New York: Random House.

Lynch, T. R. (2018). *Radically open dialectical behavior therapy: Theory and practice for treating disorders of overcontrol.* Oakland, CA: Context Press.

Lysaker, P. H., Roe, D., & Yanos, P. T. (2006). Toward understanding the insight paradox: Internalized stigma moderates the association between insight and social functioning, hope, and self-esteem among people with schizophrenia spectrum disorders. *Schizophrenia Bulletin, 33*(1), 192-199.

Nummenmaa, L., Glerean, E., Hari, R., & Hietanen, J. K. (2013). Bodily maps of emotions. *The Proceedings of the National Academy of Sciences, 111*(2), 646-651.

Rizvi, S. L., & Linehan, M. M. (2005). The treatment of maladaptive shame in borderline personality disorder: A pilot study of 'opposite action'. *Cognitive and Behavioral Practice, 12*(4), 437-447.

Rössler, W. (2016). The stigma of mental disorders: A millennia-long history of social exclusion and prejudices. *EMBO Reports, 17*(9), 1250-1253.

Schoenleber, M., & Berenbaum, H. (2012). Shame regulation in personality pathology. *Journal of Abnormal Psychology, 121*(2), 433-446.

Simbayi, L. C., Kalichman, S., Strebel, A., Cloete, A., Henda, N., & Mqeketo, A. (2007). Internalized stigma, discrimination, and depression among men and women living with HIV/AIDS in cape town, south africa. *Social Science & Medicine, 64*(9), 1823-1831.

Shunryu, S. (1970). *Zen mind, beginner's mind.* New York: Weatherhill.

Tangney, J. P., & Dearing, R. L. (2002). *Shame and guilt.* New York: Guilford Press.

Tangney, J. P., & Tracy, J. L. (2012). Self-conscious emotions. In M. Leary & J. P. Tangney (Eds.), *Handbook of self and identity* (2nd ed., Vol. 2, pp. 446-478). New York: Guilford Press.

Tangney, J. P., Wagner, P., Fletcher, C., & Gramzow, R. (1992). Shamed into anger? The relation of shame and guilt to anger and self-reported aggression. *Journal of Personality and Social Psychology, 62*(4), 669-675.

Waugh, O. C., Bryne, D. G., & Nicholas, M. K. (2014). Internalized stigma in people living with chronic pain. *The Journal of Pain, 15*(5), 550.e1-10.

West, M. L., Yanos, P. T., Smith, S. M., Roe, D., & Lysaker, P. H. (2011). Prevalence of internalized stigma among persons with severe mental illness. *Stigma Research and Action, 1*(1), 54-59.

저자 소개

알렉산더 L. 채프먼(Alexander L. Chapman, PhD, RPsych)

채프먼은 캐나다 사이먼 프레이저 대학교 심리학과의 교수이자 임상 교육 책임자이며 임상 과학분야 코디네이터다. 공인 심리학자이자 밴쿠버 DBT 치료 센터(DBT Centre of Vancouver)의 대표다. 성격 및 감정 연구소(Personality and Emotion Research Lab)를 이끌며 경계성 성격장애, 자해, 충동성 및 기타 관련 문제에서 감정 조절의 역할에 대해 연구하고 있다. 그의 연구는 캐나다 보건 연구소(Canadian Institutes of Health Research)로부터 주요 연구비 지원을 받았다. 그는 경계성 성격장애 국가교육연합(National Education Alliance for Borderline Personality Disorder: NEABPD)의 젊은 연구자상, 캐나다 심리학 협회(Canadian Psychological Association)의 과학자 실무자 초기 경력상, 마이클 스미스 보건연구재단(Michael Smith Foundation for Health Research)으로부터 경력 연구자상을 수상한 바 있다.

채프먼은 소비자와 임상전문가를 위한 12권의 책을 공동 집필했다. CBT[캐나다 인지 및 행동치료 협회(Canadian Association for Cognitive and Behavioral Therapies)]와 DBT[DBT−Linehan 인증 위원회(DBT−Linehan Board of Certification)] 자격증을 취득한 그는 DBT에 중점을 둔 심리학 클리닉을 공동 설립했으며 국내외 임상의와 지역사회 집단을 대상으로 워크숍과 발표를 정기적으로 진행하고 있다. 또한 그는 수년간 무술과 마음챙김 명상을 수련해 왔으며 요리, 독서, 야외 활동, 가족과의 시간을 보내는 것을 즐기고 있다.

킴 L. 그라츠(Kim L. Gratz, PhD)

그라츠는 라이라 헬스(Lyra Health)의 수석 임상 품질 관리자이자 DBT 프로그램의 임상 책임자다. 톨레도 대학교 심리학과에서 교수와 학과장을 역임한 바 있으며, 현재도 교수직을 유지하고 있다. 그녀는 성격 및 감정 연구소를 이끌며 경계성 성격장애, 자살 및 비자살적 자해, 물질 사용 장애에서 정서 조절의 역할과 경계성 성격장애 관련 메커니즘의 세대 간 전이에 대한 실험 및 치료 결과 연구에 중점을 두고 있다. 성격장애 및 자해에 대한 연구로 2005년 NEABPD의 젊은 연구자상, 2015년 북미 성격장애 연구 학회(North American Society for the Study of Personality Disorders)의 중견 연구자상, 2022년 톨레도 대학교의 창의 및 학술 활동 우수상 등 다수의 상을 수상했다. 또한 톨레도 대학교 캐서린 에벌리 여성 센터(Catharine S. Eberly Center for Women)에서 경계성 성격장애, 자해 및 정서 조절에 대한 연구로 영향력 있는 여성 혁신가로 인정받았다. 2003년부터 지속적으로 연구비를 지원받아 왔으며 2008년부터 2020년까지는 연구 책임자로서 지속적인 연방 기금 지원을 받았다. 또한 경계성 성격장애 및 자해, 그리고 DBT에 대한 240편 이상의 논문과 7권의 책을 저술했다.

역자 소개

구훈정(Koo Hoonjung)

고려대학교 심리학과(학사)
고려대학교 일반대학원 심리학과 임상 및 상담심리 전공(석사)
고려대학교 일반대학원 심리학과 임상 및 상담심리 전공(박사)
서울대학교어린이병원 임상심리전문가
고려대학교 BK21Plus 융합심리학 사업단 연구교수
한국임상심리학회 공인 임상심리전문가
한국상담심리학회 공인 상담심리사 1급
한국인지행동치료학회 인지행동치료전문가
현) 한신대학교 심리·아동학부 교수

김희선(Kim Heesun)

아주대학교 교육대학원 심리치료 전공(석사)
임상심리사 1급(보건복지부)
청소년상담사 2급(여성가족부)
사회복지사 1급(보건복지부)
현) 한신대학교 일반대학원 심리학과 임상 및 상담심리 전공 박사과정
용인교육지원청 수석 학습상담사
수원시청소년청년재단 청소년동반자

남윤지(Nam Yunji)

마이넛 주립대학교 중독상담학과(학사)
미국 노스다코타주 중독상담사
임상심리사 2급(보건복지부)
현) 한신대학교 일반대학원 심리학과 임상 및 상담심리 전공 석사과정

수치심 극복을 위한
변증법적 행동치료 기술 워크북

- 고통스러운 감정을 다루고 수치심을 극복하는 강력한 DBT 기술 -

The Dialectical Behavior Therapy Skills Workbook for Shame:
Powerful DBT Skills to Cope with Painful Emotions & Move Beyond Shame

2025년 8월 25일 1판 1쇄 인쇄
2025년 8월 30일 1판 1쇄 발행

지은이 • Alexander L. Chapman · Kim L. Gratz
옮긴이 • 구훈정 · 김희선 · 남윤지
펴낸이 • 김진환
펴낸곳 • (주) 학지사
04031 서울특별시 마포구 양화로 15길 20 마인드월드빌딩
대표전화 • 02)330-5114 팩스 • 02)324-2345
등록번호 • 제313-2006-000265호

홈페이지 • http://www.hakjisa.co.kr
인스타그램 • https://www.instagram.com/hakjisabook/

ISBN 978-89-997-3440-3 93180

정가 18,000원

역자와의 협약으로 인지는 생략합니다.
파본은 구입처에서 교환해 드립니다.